日高晤郎フォーエバー

大切な人は
想い出せば
すぐそこに居る

晧郎

はじめに

自らを「話芸人」と称し、語りを究め続けた日高晤郎さんが2018年4月3日、がんのため亡くなった。STVラジオで40年間レギュラー番組を持ち、土曜日の「ウイークエンドバラエティ日高晤郎ショー」は生放送で35年。体力が続く限り現役であり続け、3月23日に「明日への贈り物Part3」の2公演、24日に生前最後の出演となった「晤郎ショー」をやり遂げた。ファンの悲しみと喪失感は大きく、日高さん自身にもやり残したことがあっただろう。最後の放送では、途中から涙ながらに話す一言ずつが遺言のように響いた。熱烈なファンの方々や親しい関係者に比べれば、私は熱心なリスナーでもなく、北海道新聞の記者だった頃、同紙夕刊の連載「私のなかの歴史」の取材などで日高さんに接したにすぎない。それでも、「晤郎ショーは人生そのもの。幸せなラジオ人生だと思う」などと、かつて語った日高さんの言葉や思いが浮かび、この原稿を書きながら時に涙がにじんでくる。

私が日高さんを意識しだしたのはゴールデンウイーク入りの2012年4月28日、STVホールで「晤郎ショー」の公開生放送を見学に行ってからだ。実は、ゲスト出演する歌手の川野夏美さんが目当てだったのだが、間近に見た「晤郎ショー」自体が新鮮で楽しめた。ゲストの歌手はほかに、こおり健太さん、走裕介さん。ゲストも会場も巻き込み、日高さんの縦横無尽なトークに中継を挟みつつ、歌手が歌い、「私の本棚」などのコーナーも盛りだくさん。午前8時から9時間、長時間を耐え忍んだ以上に面白かった。

その後、15年2月27日、札幌で昼夜2回開かれた「晤郎ショー」の特別公演「明日への贈り物Part1」を取材する機会があった。個性ある実力派歌手6人に声を掛け、日高さんが司会進行、構成、演出をする初めての取り組みだ。昼公演を見た後、夜公演までの間の短い時間だったが、日高さんに初めてインタビューした。12分ほどの対面だったが、言葉の端々にラジオの力や番組に対する強烈な自負を感じたことを記憶している。公演は日高さんが「良き歌人《うたびと》」と呼ぶクミコさん、市川由紀乃さん、山内惠介さん、松原健之さん、こおり健太さん、藤澤ノリマサさんが熱い歌声を披露。日高さんによる歌手それぞれの個性を捉えた曲の紹介と一体となり、7人の主役による息をつかせない圧巻のステージだった。

この記事で信頼を得たのか、約2カ月後、「私のなかの歴史」の取材依頼に応じてくれた。4月から7月にかけて、5回会ってインタビューを重ね、いつも上機嫌で話は盛りだくさん。質問の内容以上に話が飛んで、広がっていく。連載での肩書きはすぐに「話芸人」と決まった。ファンが観覧する「晤郎ショー」のスタジオと放送後の打ち上げにも参加、STVホールでの公開放送、「日高塾」の様子なども見た。打ち上げを大事にするという日高さんらしく、連載終了後に行きつけの店で打ち上げをしてもらった。その後、日高さんがラジオとともに力を注いだ芸談の舞台やディナーショーにも接し、芸人の世界を存分にのぞくことができた。

連載がその年の8月から32回と長期にわたったのは、日高さんの話す物語が波乱に富み、興味深かったからでもある。語弊があるかもしれないが、面白かった。生まれ育ちから、俳優や歌手、弾き語りなどで「売れない時代」の苦闘の日々まで、北海道に来る前の物語だけで17回分になってしまった。それは北海道に来てからの物語も同様だった。「長い」「いつ終わるんだ」と社内外からの声が聞こえてきたが、一つ一つの物語が外せなかった。

大阪市生まれの日高さんは北海道に来る前の半生にも物語があり、芸人として究めていく土台が培われたのではないか。生家の向かいにある長屋の漫才横町の中で育ち、養父母の元で生活した。小学校で学ぶ姿勢を褒められ、中学では朗読が得意だった。16歳の時、大映京都のコンテストで優勝し、大部屋暮らしを経て、師匠と仰ぐ市川雷蔵さんや勝新太郎さんに出会う。1962年、映画「江戸へ百七十里」で俳優として本名の「細谷新吾《ほそたにしんご》」でデビューした。以来、市川さんや勝さんの主演作をはじめ、多くの作品に出演した。「私のなかの歴史」の連載前、入手可能な出演作品のDVDを買い、日高さんの若い頃の姿を探した。実際に出演しているのかを確かめる意味もあったが、りりしく、いい男である。一瞬しか姿を見極められない作品もあったが、映画自体も楽しめた。

関西ではスターになれないと見切りをつけ、東京に出たものの将来が見えず、苦闘の日々が続いた。67年に「流れ者小唄」で歌手としてレコードデビューし、テレビドラマや声優の仕事もした。75年のNHKの大河ドラマ「元禄太平記」にも出演。四谷や銀座などのクラブでの弾き語りで食べられるようにはなったが、「これでいいのか」と自問する毎日が続いた。

77年、俳優仲間に誘われ、札幌のキャバレーに来て弾き語りをしている頃、STVラジオのディレクターだった岩本芳修《ほうしゅう》さんと出会い、番組を持つきっかけに。78年からの「おくさま広場」を経て、83年からの「晤郎ショー」につながる。当初は3時間枠で始め、84年から

8時間、87年から午前8時〜午後5時の9時間に拡大。18年3月24日が最後の出演となり、吉川のりおさんが代わりを務めた31日を含めて放送は1820回に及んだ。この間、東京から北海道に通う生活が40年続いた。

熱烈なファンが多い一方、歯に衣着せぬ語り口などを嫌う人も少なくない。アンチの人も結構、放送を聴いているともいわれる。私自身は賛同する意見もあるが、歌手への話し方などで説教くさいと感じることもあった。また、日高さんは演歌・歌謡曲など歌や歌手を応援する気持ちが強いが、ある時、タクシーに乗っていて、そのような話を運転手さんにすると、「だけど、特定の歌手だけでしょ」と言われた。ある意味、それも当たっていると気付かされたが、歌への向き合い方など日高さんなりに理由があって、歌手の好き嫌いや評価の違いがあったのだろう。

しかし、そうしたことはもちろん、本人は心得ていたと思う。好き嫌いはお互いさまで、「7割5分は嫌われても大丈夫。2割5分に好かれればOKです」とも語っていた。「2割5分」が「3割」などのこともあるが。ラジオから放送を聴くだけでは分からない面もある。これが日高さんなんだと受け入れれば、もっと言うと割り切れば、とても面白くて愉快で、厳しくも温かい人だったと思う。突然の幕切れは寂しく、無念だが、存分に人生を楽しんだ方だったのだろう。

結果的に最後の出演となった18年3月24日の「晤郎ショー」。涙混じりの日高さんは「こんな愁嘆場を見せて申し訳ない」と弱気な言葉を漏らしつつも、「このうれしさを感謝に変え、来週は35年間より上の晤郎ショーをやります」。そして、声を張って、「ありがとうございました。また来週」と。しかし、その思いはかなわず、入院したまま戻ることはなかった。10日後に届いた訃報は、淡い望みも消し去った。「ラジオっていや、日高さんだ、みたいな会話があるのが夢」と言っていた日高さん。芸人として、悲しいけれど鮮やかな幕引きだったともいえるが、あの笑顔と元気、意欲と覚悟を見ていたら、74歳は早すぎた。北海道の地に残した日高さんの足跡は語り継がれ、多くのファンの思い出の中に生き続けるだろう。

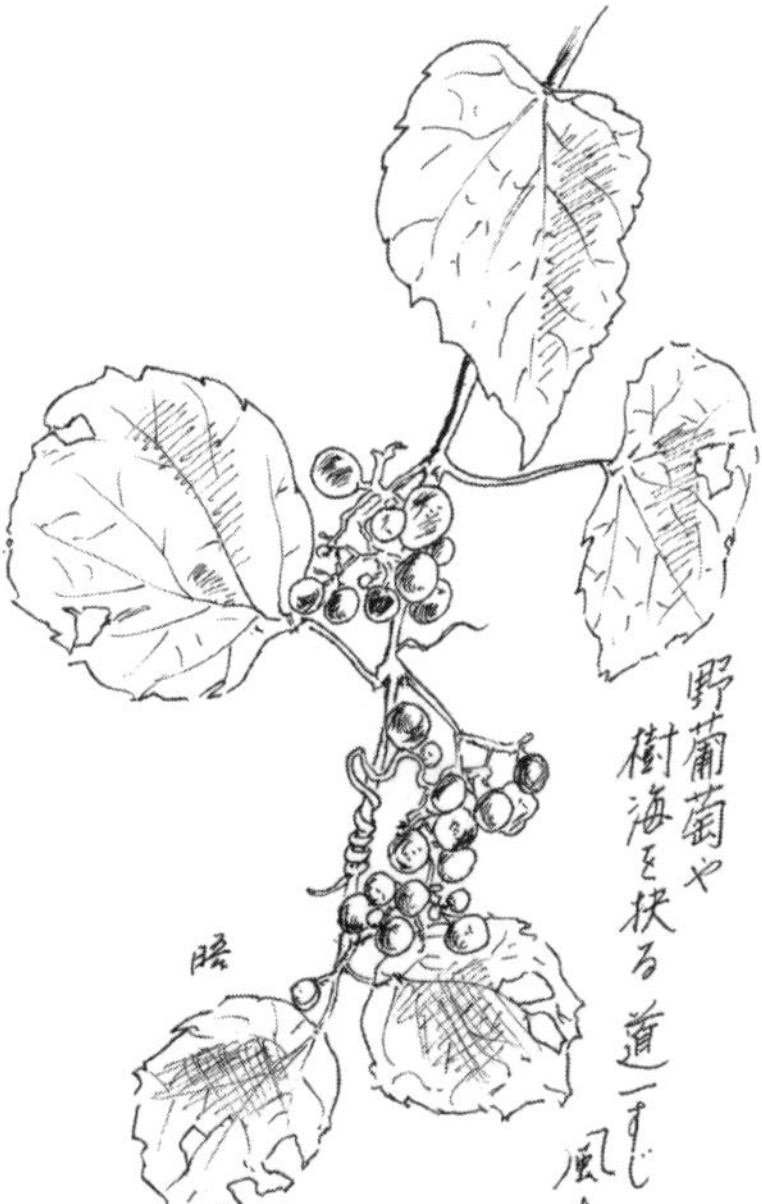
野葡萄や
樹海を抉る道一すじ
風生

晤
1997.3.15

ゆかりの人に聞く

※敬称略

闘病から終幕へ

ラジオの放送を中心に、多くのファンらに元気を届けてくれた日高晤郎さん。2度の手術を含め闘病を続けながら、「日高晤郎ショー」の出演を1度休んだほかは、命を削るように仕事優先でやり抜いた。病魔に勝てなかった悔いと無念さは計り知れないが、そこには芸人としての人生を全うしようという「覚悟」が強くにじみ出ていた。

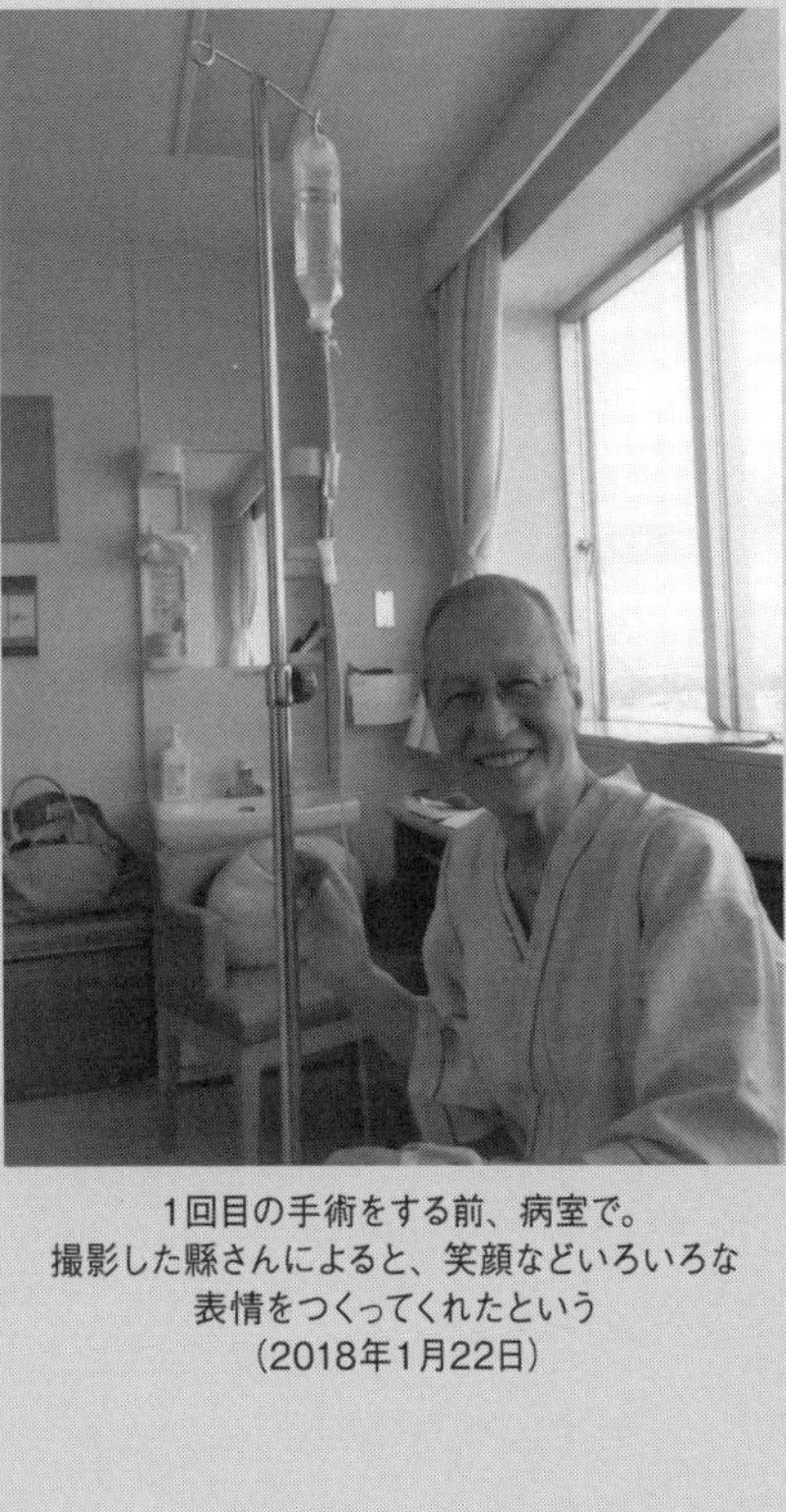

1回目の手術をする前、病室で。
撮影した縣さんによると、笑顔などいろいろな
表情をつくってくれたという
（2018年1月22日）

日高さんは病院嫌いだったという。それでも、２０１７年に腫れや痛みなど体に違和感を覚え、毎週土曜の「晤郎ショー」の合間を縫って、市立札幌病院に通院、翌18年1月22日と2月2日に手術を受けた。手術の際は入院をするので、「晤郎ショー」への出演はもともと日程的に厳しい。放送に向けた自身の勉強や準備もあるから大変だったと思われる。

関係者によると、2回目の手術の時は、2月3日のスタジオでの通常放送か、10日のさっぽろ雪まつりのホール公開か、どちらかの出演を休まざるを得なくなり、1日、日高さんは「ホール公開はどうしてもやらないといけない」として3日を休むことに決め、2日に緊急入院して手術を受けた。本人が休むのは初めてで、急きょ、吉川のりおアナウンサーが代わりを務めた。この手術をする前には、日高さんは自身の病状をはっきり認識していたと思われる。本人は土曜を休みたくないという思いがずっとあり、検査や入退院などが入って綱渡りの日々だったようだ。10日のホール公開で復帰し、元気に見えたものの、痩せていて辛そうな感じだったという。

ホール公開後の2月中旬、札幌医大付属病院への転院を決め、3月初めに各種検査を受けた。一方で、「晤郎ショー」とともに日高さんが大事にしていた特別公演「明日への贈り物」

のPart3を3月23日に控えていた。岩本芳修さんによると、日高さんは「それまでは入院せずに、何とか仕事ができるようにしてくれませんか」と病院側にお願いし、そのようにやってくれたという。最新の飲む抗がん剤を使い、3週間持たせて、終わったら入院するということだったらしい。

「明日への贈り物」は日高さんが司会進行、構成、演出する歌謡ショーで、15年、16年に続く3回目の18年はゆかりの実力派歌手6人が出演。日高さんにとって、このステージに懸ける思いが強いだけに、体が限界に近づいても休む選択肢はなかったのだろう。

22日のSTVホールでのリハーサルでは、居合わせた歌手らは痩せ方を見て、あまりの変わりぶりに驚き、息をのんだという。緊張感の中でも、いつもの冗談も交え、歌手たちが歌い出すとテンションも上がって、演出の指示も熱心に飛んだ。23日の本番当日、会場の札幌

「明日への贈り物」のリハーサルに臨む
（2018年3月22日、STV ホール）

市教育文化会館でのリハーサルも同様で、演出に力を注いだ。昼夜の2公演の合間には点滴が必要になり、主治医が直接来てくれたという。それで2公演を乗り切り、夜の公演でパク・ジュニョンさんが「チャラ」を歌った際は、日高さんがステージに出て踊り出す一幕もあった。覚悟と執念でやり通したステージだった。途中で帰ったものの居酒屋での打ち上げにも参加し、ビールを少し口にしたという。

翌24日、結果的に最後の出演となった「晤郎ショー」。「明日への贈り物」に出演した歌手6人はスタジオでも時間を共にし、日高さんが離れて休む時に番組を進めたほか、日高さんが終盤に歌う「街の灯り」を代わりに歌い上げた。この9時間の放送で、笑顔の似合う日高さんは時に涙となり、聴く側

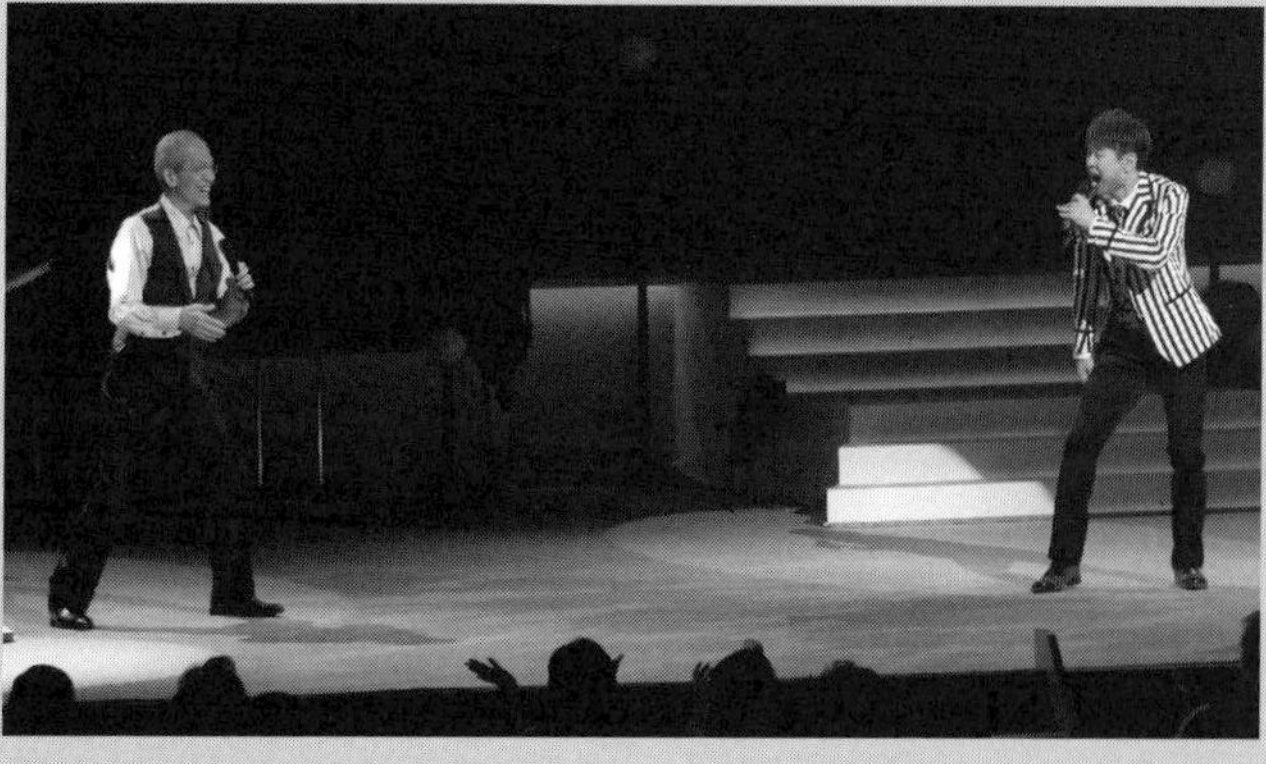

「明日への贈り物」の夜の公演でパク・ジュニョンさんが歌う「チャラ」で踊り出す（3月23日、札幌市教育文化会館）

も涙混じりで切なさがにじんだ。マネジャーだった茅野《ちの》義隆《よしたか》さんによると、放送終了後の誰もいなくなったスタジオで、「俺、頑張ったんだよな」「これで良かったんだよな」と言って、力尽きたように倒れ込んでしまったという。休んだ後、打ち上げにも少しだけ顔を出し、宿泊先のホテルに戻った。

25日は夕方、茅野さんが心配になって、日高さんと親しい岩本さんや縣昌宏《あがたまさひろ》さんと連絡を取り、様子を見にホテルの部屋を訪ねると、ベッドから起きられない状態だった。「大丈夫です」「今日は寝かせてください」などと話していたという。26日、予定通り、腹水を抜くため札幌医大に入院。縣さんがホテルまで車で迎えに行き、病院までの短い時間、前日にホテルの部屋を訪ねたことについて会話を交わした。

生前最後の出演となった「日高晤郎ショー」
（3月24日、STVラジオ第1スタジオ）

復帰はできないまま、最期の時を迎え、「ディナーショーをやるよ」「頑張れ」などの声掛けに何度も反応したが、願いはかなわず、人生の表舞台から旅立った。当時の発表資料によると、悪性腫瘍（脂肪肉腫）により4月3日午前10時48分、永眠。

腫れと痛み、自身の病気と体調に向き合いながら、「唔郎ショー」のスタジオだけでなく、ホール公開、「明日への贈り物」、そしてスタジオから涙ながらの最後の放送へ。18年の年が明けた3カ月間、終幕のカウントダウンを計るように、残る力を振り絞り、一生懸命に人生を駆け抜けた。

私のなかの歴史

話芸人　日高晤郎　語りを究める

北海道新聞夕刊「私のなかの歴史」で2015年8月13日から10月2日まで32回連載した「話芸人　日高晤郎さん」に加筆修正したものを掲載します。本書著者の川島博行が北海道新聞編集委員だった当時に聞き手となって取材、執筆しました。

生母の思い出　つらい時でも明るく冗談

僕は大阪市で１９４４年（昭和19年）２月28日に誕生したことになっています。なぜこんな言い方をするのかというと、出生届が出ておらず、戸籍がなかった。戸籍が作られたのは、生家から他の家にもらわれ、裁判所で確定してからなんですね。９歳のころだったと思います。私生児だったと知らされ、養父母から「あんたはこの世におらへん子やった」「幽霊やったんやで」と言われた時は、子供心にすごく衝撃的で。住まいは生野区にある万年筆工場の端にあった。働き手としてもらったから、こう言えたのかもしれません。

生家があったのは天王寺。戦後すぐで、僕が見ていた景色は貧乏と進駐軍です。２階建ての同じ造りの長屋で、うちはその２階。父親はいなくて、生母は子供３人を育てないといけなかった。父親違いの兄と僕と妹と。夜の店で働き、酒を飲まされ、昼間はほとんど吐いて寝ているような感じで。連れて来た男の人が父親面をしたり。酔ってぐだぐだの時は、僕に手を上げることもあった。生きるのに必死だったんだと思います。とても貧乏で、子供のころはちゃんと食べた記憶がない。それで栄養失調になった。養っていけないから手を離したということで、昔で言うと口減らしですね。

機嫌のいい時は歌い、しゃべるのが大好きで、この時の母親が好きでした。ぎりぎりのところでも冗談を言える人で。僕も似ていて、血を受け継いでいますね。子供を手放すって大変なことだし、ずっとつらかったんだと思います。生母を嫌いになったことは一度もありません。

生母が4歳くらいの僕を連れ、東京にいた実の父親の元に預けに行ったことがあります。父親似の僕を見るのがつらかったのかもしれない。だけど、僕は去っていく母親を追っかけたんですね。僕が22歳の時、生母が亡くなる前に病室で語った「あんたが選んだんや」の言葉が今もずっと残っている。そして、「新ちゃん、すまなんだ」と手を合わせて涙を流し、「うちはお父ちゃんのことが大好きやった」と言ってくれたことでチャラになりましたね。好き合った男女の子なんだと。失敗だったとはついに言わなかった人で、それが僕にとっては大きな誇りで。

養父母から何か受け取ったとしたら、養母の「どうせやるんだったら機嫌良く」ですね。

宿題をしていた時に届け物を頼まれ、仏頂面だったんだと思う。礼も言われないので余計不愉快になった。後から、養母が「ありがとうと言わなかったことを不満に思っているだろうけど、あんたが嫌な顔をして来たら、こっちもありがとうの言葉が言えんようになる。どうせやらんとあかんのやったら、機嫌ようやって」と。これは僕の人生訓になりましたね。ただ、養父母の仲は悪くて。今もラジオで言っているんです。子供への一番のプレゼントは仲の良い夫婦だと思う。

養父母と小学生の僕
幼少時の写真はほとんど残っていません

漫才横町育ち

おやつ代わりに笑いあり

生家の向かい側は全部、売れない漫才師がいる漫才横町と言われていた。35メートルくらいの長屋で、間違いなく食うや食わず。音曲の人が多かったので楽器を使う。三味線、ギターにアコーディオン。稽古事はみんな姿勢がいい。師匠がいるからです。学校に行っていない時は、稽古を見ていた。正座をして。笑うと、「新ちゃん、面白いか」って、あめをくれる。僕はその人たちを親に育ったと思えることがとても多い。人の稽古は行儀良く見るものだと学んだ。それから、いつか食えるようになろうと、食えなくても勉強だけはする。売れていない時は休みじゃないんですよ。後に映画の世界に入った時、師匠になってくださった市川雷蔵先生や勝新太郎先生も同じことをおっしゃっていましたから。芸人の了見はその時に付いたんだと思います。多分、僕の背骨になった。

芸人の横町では、日々食べることさえできたら貧乏だと思わなかったんじゃないですかね。おやつ代わりに笑いがあったから。今の僕の仕事とラジオも主食にはならないが、おやつになる。芸を磨けば極上のおやつになる。僕はこの横町で芸人と商人の修業をしたんだなと思う。

断片的に覚えているのは生家の真向かいの時計屋のおっちゃんの言葉。漫才師が時々表に出て、子供を集めて受けるかどうかもやるんです。僕が一番うれしそうだったようで、時計屋のおっちゃんが「笑い顔、ええ顔やで。新ちゃんが笑うてたら、おっちゃんまでうれしい」と。

養子に行くと決まった時には、時計屋のおっちゃんが「どんなつらいことがあっても笑うといてや。機嫌良うするんやで。いずれ何かいいことあるで。泣いているとこには、ええこと来てくれへんから」と僕に言ってくれた。ものすごく心に染みました。最初に言葉で染みたのはこれだと思います。以降、言葉に対して鋭敏になりました。

生母は僕にとって、機嫌のいい時の思い出しかないですね。時計屋のおっちゃんも好きだったんだと思います。機嫌のいい時の母は。「お母さんのこと悪う思ったらあかんで」と言っていましたから。今になったら分かります。近所にとって多分、母はいい人だったんです。

生まれてから内田姓だったようで、養子先で細谷に。田中姓だったこともあるようです。細谷は一番嫌いな姓で、確かに体が細かったから余計嫌でした。あまり人手に渡って捨てられたというふうには考えたことはないんだけど、正直に言うと、僕を傷つけてきた人は多い。ただ、僕自身はつらいとは思っていない。仕方がないじゃないかと思っているんですね。この環境で育った中で一つだけ言えるのは、ぐれたことがない。子供心にプライドは強かったようです。ぐれるのがとても恥ずかしかった。

生家のある長屋の時計屋の前で、
こっそり会いに行った妹と。
僕が16歳のころだと思う

小学校の恩師　「学ぶ姿勢」褒めてくれた

小学校では前半と後半で恩師が2人います。初めは女性の新井先生。学費はこの方が払ってくれていたと後から知りました。あぶり出しの勉強で大きめのミカンが必要でしたが、貧乏なので親に買ってと言えない。この時も学校に行くと、新井先生がちゃんと用意してくれていたんです。ただ、周りは口さがない子供たち。平気で残酷なことを言いますもん。「貧乏だから先生が買《こ》うてくれる」なんて。

高音で歌がうまかった。学芸会でも歌いました。童謡は「月の沙漠」一辺倒。歌謡曲では二枚目俳優高田浩吉さんの「伊豆の佐太郎」。歌えるスターの第1号じゃないですかね。「故郷見たさに戻ってくれば……」と、口の開き方からビブラートの作り方まで覚えています。浩吉さんの娘の高田美和さんの映画デビュー作は、山本周五郎の「樅《もみ》ノ木は残った」が原作の「青葉城の鬼」。僕が後にデビューした時の2作目です。面白いですね。とても狭い世界というか。

養父母にもらわれて、転校先の恩師が村上先生。授業中に「伊豆の佐太郎」を口ずさんでいたら、おまえ、こっちに来いって。村上先生は笑顔なんだけど、怒るときは前に出させてソロバンで頭をゴリっとやる。僕はやられると思った。そしたら、ここで歌えと言う。粋な先生でしたね。僕は立って歌い、拍子を打つ靴下の指の部分は全部穴が開いていた。新井先生と村上先生はこうしたことを全く良しとしてくれて、とがめなかった。

転校してきて最初の授業で、村上先生は「この子の姿勢を見なさい。あれが学ぶ姿勢や。勉強を教えてくださいという姿勢に見えるやろ」と僕を紹介しました。すごくうれしかったですね。僕がもらわれてきた事情も知っていて、かわいがってくれた。学校で宿直の時に呼び、望遠鏡で星も見せてくれました。

そのクラスは先生がうまくまとめて仲良くやっていたはずなんですが、6年生になって夏休みが終わった途端、集団でいじめられた。誰も返事をしてくれない。示し合わせて無視し、陰でくすくす笑うのが聞こえる。多分、彼らにしたら遊びで、いじめの意識はないんでしょうが、戯れでやってはいけないことです。中学生になり、その中の1人から「笑い話やんけ」と言われたが、僕は笑えなかった。

そのころから、貧乏人に見えない姿勢があると思い、姿勢を良くしていた。不思議に貧乏人って、貧乏人に見られるのを嫌う。貧乏している人と貧乏ったらしいというのは別なんです。

IQ（知能指数）が学校で一番高く、村上先生が親を呼び、「この子は天才です。したい勉強をさせるのが一番いい」と言ってくれた。けれど、養父母は何とも思わなかった。働き手として僕をもらっているから。その後も何かの時に、「天才が何の役に立つねん」と言いましたから。

映画デビューした18歳のころ、養父母に育てられた家の前で

役者に憧れ　**学費稼ぎつつ映画館通い**

中学では朗読がとても得意でした。ＮＨＫで聴いた連続放送劇とか、うまいアナウンサーの朗読とか、「銭形平次」とか、そういうのが頭の中にあって。僕は物語る子だったものだから、人に話を聞かせるのも好きでした。授業で教科書にあった「十五少年漂流記」を読んだ時です。国語の先生が止めないんです。普通、10分もたてば次ってなるのに。授業が終わる寸前まで止めない。結果、ほとんど終わったんですよ、一つの章が。

先生は「下手に読むくらいなら、うまい人のを聞いた方がええ。君、ずっと読んで」と言うんです。それで１カ月くらいずっと読んだ。その後、他の生徒にも当てると、不思議なことにうまくなっている。意地があるんですね、子供って。後に役者になった時も、勉強するんだったら、うまい人とやれと言われた。うまい人とやっても急にはうまくならないが、下手とやったら下手がうつると。今でもそう考えています。「日高塾」という勉強会をやっているんですが、僕が一番うまい読み手でないといけないと思いますから。

学費を自分で出すため、中学の途中からパン屋で働きだした。学校給食用を作る大きな工場で、ミキサーは夜も寝ないんです。粉を練り上げたものが出てきて、それを放り込んで……。ずっと見ていないといけない。夜通し働き、朝、学校に行く。これは無理です。で、場所を変えてくれと言ったら、オーブンの担当へ。パンを3食食べられたけど、たった1年で飽きた。新聞配達やバドミントンのラケットの網張りもやりましたね。

高校の夜学に入って1年ほどたってから、大衆食堂でコックの見習い。イモの皮をむいたりタマネギを刻んだりしていた。賄いの食事は市場で買い出しをして作るのですが、それを買って出た。買い物をするとスタンプをもらえ、それがいっぱいになった台紙で映画や芝居などを楽しめるからです。美空ひばりやクレイジーキャッツの演奏も実演で見た。映画も3本立ての二流館でむさぼるように見た。

アメリカの映画では当時、美男美女だけでなく、スティーブ・マックイーンが出てきた。最初に衝撃を受けたのはポール・ニューマンで、一番触発されたのが「傷だらけの栄光」。ニューマンは見ようによっては二枚目だけど、いかにもキラキラとしたハリウッド的二枚目ではない。言うところの演技派ですね。これを見た時、俺、役者になれるかもと思いましたもの。

16歳の時、2年生になっていたかなあ。働いていた大衆食堂で読んだスポーツ新聞に、大映京都の「第1回ミス・ミスターフレッシュフェースコンテスト」の記事が載っていた。役者に憧れていた僕は早速、応募しました。クラスで芝居と歌は主役でした。貧乏に負けないのは芸で、その時だけスターでいられるんです。

高校の夜学に入り、
働いていた大衆食堂の前に立つ僕(右)

コンテスト　マイク無視の芝居　大受け

「第1回ミス・ミスターフレッシュフェースコンテスト」に応募するため、バイトでためたお金で写真店に行って全身や正面などの写真を撮ってもらい、履歴書は全部、巻紙で書いたんです。大映京都撮影所で時代劇ですから、面白がられると思った。作戦です。門を開くには絶対戦略が必要じゃないですか。

これが功を奏したのか、書類審査、面接を通った。最終審査は公開で、審査委員長は映画監督の三隅研次《みすみけんじ》さん。「洪水が来るぞー」というようなせりふで1人ずつ芝居をするんです。他の人は皆、センターマイクの前で話すんですが、僕はマイクを無視して、舞台を思い切り走り回って息を切らせ、「みんな逃げろー。洪水が来る。何をしてんだ、逃げろ」などとやった。大受けですよ。舞台はあるだけ使っていいわけですから。

何かの形で残れるんじゃないかと思ったのですが、優勝することができました。結果発表前に舞台の袖で待っている時、主催者の人から「君の名前を呼ぶ」と言われた。そんな打ち合わせどこにあるんだ、言っちゃ駄目でしょと思ったけど、「だから、名前を呼ばれたら驚いて」と。僕も素直に「えっ、えっ」ってやったら、司会の人がもういいって。驚きすぎちゃったようで。拍手は多かったですよ。

前年はニューフェースと言っていて、この年はフレッシュフェースの名に変わった。全国でやっていたコンテストで、優勝したのは多分、関西地区でしょうね。全国から優勝者が集まり、演技研究所に入った。同期で今も芸能界に残っているのは藤村志保さんくらい。彼女は最年長、僕は最年少でした。研修は半年間で、科目はすさまじいですよ。時代劇ですから当然立ち回りはあり、琴や三味線、お茶、日舞、せりふや朗読の台詞術、所作事など。映画監督が来て映画の総合的な知識も学んだ。

研究所で女優の毛利菊枝さんが台詞術を教えていました。東の杉村春子、西の毛利菊枝と言われた方です。戯曲「シラノ・ド・ベルジュラック」の朗読をやっている時、「あなたは読むのは天才ね」と言われました。シラノが最後に頭をけがして、菓子屋のラグノーが報告にくるんです。「頭にこんなに大きな穴が開いて……」と読むんですが、毛利先生は「私はどんなに上手に読んでも、あなたのように頭の傷の深さまでは読めない」と。これは明確に覚えています。人間は褒められたことはよく覚えていますね。ものすごく大きな誇りでした。一番大事なのはものが見えることで、僕が今やっている「日高塾」という勉強会でも、映像を脳裏に映して見えるように読んでくださいと言っています。

大映のコンテストへの
応募写真の1枚

演技研究所の入所式で
右から3人目が僕、左から2人目が藤村志保さん

大部屋暮らし　「その他大勢」毎日が勉強

演技研究所の研修を終えると、大部屋での生活が始まった。斬られ役などが多く、その他大勢。せりふはありません。台本をもらって初めて役と言い、その他大勢は役ではないんです。俳優事務所に一日の予定表を見に行き、今日は何をやるのかを確認するのが日課。最初、名前の札を作ってもらう。釘があって、百姓、やくざの子分などと書いてあって名前の札が掛かっている。雑なもんですよ。何もない場合は通行人。そういう時は衣装を取りに行って好きな物を選び、自分で着て。化粧も自分で。仕事がない時は札が下ろされていた。斬られ役といっても、遠巻きになって斬られない人もいる。ワーと出入りになると、主役級はカメラの前で立ち回り。スターにはなかなか斬ってもらえません。決まった斬られ役の取り巻きの人がいますから。立ち回りは呼吸が必要なんです。

ほぼ毎日、その他大勢。台本をもらえない人は早ければ3カ月で辞める。これでニューフェースはバタバタと倒れました。ある種の幹部候補生の扱いで、そうそうたる先生に半年間学んだわけですから。すぐに役をもらえると思ったんじゃないですか。それなのに、また通行人かと。大部屋はつらいけど、勝負を懸けられる。それは過酷で、心が折れる人が圧倒的に多かったけど、僕は折れなかった。一日もつまらないと思ってやったことはなかった。スターが目の当たりに芝居をしているのも毎日のように見られましたから。

大映では、勝新太郎先生と市川雷蔵先生にかわいがっていただきました。斬られ役は進んでやったほうで、先生によって斬られ方を考えて。そういうのが大好きだから気に入られるんです。勝先生は静と動が明確で、こちらもひと呼吸でやらないと。雷蔵先生はきれいに斬るから、ゆっくり倒れる方が絵がきれいなんですね。同じ斬られ役でも、誰に斬られるのかを知っているのと、知らずに斬られて死にゃいいんだろうというのとでは了見が違います。これこそ勉強の場で、うれしくて。

映画の中で僕を最初に斬った相手は、雷蔵先生主演の「花の兄弟」（1961年）に共演した歌手の橋幸夫です。初めて台本をもらい、せりふのある作品は勝先生の出世作「座頭市物語」（62年）。監督は三隅研次さんで、僕が大映に入るきっかけとなったコンテストの審査委員長でした。子分の役で、座頭市が賭場でサイコロをつぼに入れて振った場面で「この野郎、様師だぜ」。せりふは今も覚えています。デビューとなった作品は、「座頭市物語」の３カ月後に公開された雷蔵先生主演の「江戸へ百七十里」。デビューというのはスクリーンやポスター上の名前の後にカッコして「新人」と書かれなきゃ駄目で、当時は本名で「細谷新吾（新人）」でした。

「座頭市物語」の衣装合わせで
左から４人目が僕、その右隣が三隅研次監督

座頭市の殺陣　**勝新太郎に斬られて学ぶ**

僕は大好きな時代劇のスター中村錦之助（後の萬屋錦之介）さんの物まねをよくしていましたが、先輩俳優に連れられて、「こいつ、錦ちゃんをやるんだよ」と紹介されたのが勝新太郎先生との最初の出会い。それで錦之助さんのせりふの一言をまねたら、「本当にそっくりだ」と。すごい偶然ですが、勝先生も錦之助さんを大尊敬していたのです。「おまえ、面白いね。俺の所にちょこちょこ来なよ」ともおっしゃってくださった。

まだ「座頭市」シリーズなどで売れる前のことです。「俺は雷ちゃん（市川雷蔵）とずっと差があるけど、なぜかというと勝新太郎の芝居がねえんだ」とおっしゃっていた。人のまねをして長谷川一夫先生でやったり、中村錦之助さんでやったり、阪東妻三郎さんでやったりして、役をしのいできたと。勝先生は飲んでいても名優の芝居のまねをしてくれました。「座頭市物語」の取っ掛かりになったのは「不知火検校」（1960年）で、その時に気付かれたようです。俺は俺でいいんだと。

教えてくださったのが「まねる、まねぶ、まなぶ」。最初から独自のものなんて通らないから「まねる」から始め、その人がどうしてそういうせりふの言い方をするのか、自分のものを通そうと作戦を練るのが「まねぶ」。それから、「まなぶ」ことで自分のものができる。この教えを今も大事にしています。学ぶものが山ほどありました。

勝先生との作品では「座頭市物語」に続いて、「化身」（62年）や「座頭市千両首」（64年）などにも出演しました。

「座頭市」の何作目かで、忘れもしません。その他大勢のやくざ役で出た映画で、勝先生が「斬られた後、俺の肩へバサッと覆いかぶされ」と言う。俺は刀が速いから、おまえは斬られたのに気が付かないんだよと。えって顔をして、ふっと覆いかぶされと言うのです。勝先生クラスになると、監督でも殺陣師でもなく、本人が立ち回りを付ける。それがうれしくて。認めてもらっていると感じ、立ち回りがうまいとも言われました。

ただ、絡むのが遅いと言われたことが1度だけありました。雷蔵先生主演の「新選組始末記」（63年）で、勝先生のお兄さんの若山富三郎（当時の芸名は城健三朗）さんからです。若山さんは近藤勇役。僕が長州の志士の一人で、池田屋の階段で新選組隊士に下からやりで突き刺され、転げ落ちる場面でした。

大阪の舞台公演「座頭市」にも子分役で出ました。勝先生は座頭市になり切り、目を閉じても1回もし損じがない。天才です。いつも目薬を差して、しんどいよとも言われていた。おちゃめで憎めなくて、新太郎という人が好きになるんですね。ただ、立ち回りになれば、これっぽっちも気が抜けないほど速い方でした。

映画デビュー　市川雷蔵に付き従う若侍

僕らニューフェースが勉強する部屋の後ろに広い道場があり、掃除当番の時は全部自分で拭き掃除をやった。外郎売《ういろううり》という発声法やせりふの勉強で大声を出したり、歌ったり、刀の立ち回りの練習なども1人でしていました。その前にスタジオに行く通路があり、市川雷蔵先生が通ると、映画スターと同じ地べたにいると思ってうれしいんです。撮影の行き帰りに道場の僕の様子を何度かご覧になっていたようで、お付きの人に呼ばれて部屋に行くと、「僕はずっと見ていたよ」と。雷蔵先生との出会いの始まりです。

「君は勉強が好きなの」とも聞かれ、忘れもしないですね。「はい」と答えたら、「学校はどうしているの」と聞かれ、「大映に入った時から、行ける状態じゃなくて」。「失礼やけど、本当にしんどいなら、学費だったらお手伝いできますよ」とも言われました。生い立ちや幼少のころのことも洗いざらい話すと、雷蔵先生は感に堪えたように「君は何でそんなに明るいんや。何でそうやって笑うていられるんですか」と言われた。今でも覚えています。「ほぼ僕と同じやね」とも。僕と似たような生い立ちで、雷蔵先生も養子に2回やられて。ものすごくつらい思いをされたようです。

全部丁寧語だったのがすごく印象的で、所作がとても美しい方です。「僕は君がえらく気になります。一度食事しませんか」とも言われました。夢みたいな話です。忘れもしません。撮影所の真ん前で、湯豆腐でした。

それからしばらくしてです。「相手役に選ばせてもらいましたよ」と。それが映画デビュー作となる「江戸へ百七十里」です。江戸へ旅する雷蔵先生のお付きの若侍、中橋茂太郎役が僕で、旅先で会うお姫様が名優山田五十鈴さんの娘の瑳峨三智子さん、瑳峨さんと旅をする家老が二代目の中村鴈治郎先生。そうそうたる方々ですよ。この4人が並んだスチール写真もあります。けれど、僕は自分の力も示せなかったし、本当に申し訳ないと思っています。

雷蔵先生との最初の作品は「江戸へ百七十里」の前に1本、「斬る」という作品がありました。僕はラストシーン近くでカメラテストをされた。昔はデビューさせる時、1本前の映画で試すんですね。水戸の若侍役で、せりふもあり、「お腰の物お預かり致します」などでした。

雷蔵先生の口添えで、演技研究所の台詞術の先生だった毛利菊枝さんが主宰する劇団くるみ座で学んだ時期がありますが、途中で怠けてしまった。毛利先生から「あなたがさぼろうが、私は構わない。ただ、雷蔵さんが期待をかけて払っている月謝のことはどうおわびするの」と言われた。僕はとてもショックで。そこまでしていただいているのを知らなかった。本当に申し訳なくて、反省だけの半生です。

「江戸へ百七十里」でデビューが決まった時の僕(左)と市川雷蔵先生

両輪のスター　**受けと攻め　対照的な芝居**

市川雷蔵先生は低迷時期がなく、ずっとスターでした。「江戸へ百七十里」に続き、私も出演した「眠狂四郎」シリーズや博徒物の「若親分」。「陸軍中野学校」も当たり、「ある殺し屋」という静かな作品も。時代劇、現代劇何でも来いでした。

雷蔵先生と勝新太郎先生は共に「花の白虎隊」（1954年）で映画デビューしましたが、雷蔵先生は主演で最初からスター扱い。格差があって、勝先生は6年間芽が出ませんでした。ずっと2番手でしたが、「悪名」と「座頭市」の各シリーズが売れて、両輪になった。もちろん長谷川一夫先生もいらっしゃって。3人が顔を合わせる清水次郎長物の映画もありました。

2人は仲が良く、勝先生が雷蔵先生をとても尊敬していたんです。互いにまねなかったと思います。芝居をしながら2人はよく異口同音に、例えば雷蔵先生なら「勝ちゃんやったら、こうやらへんだろうな」と、立ち回りの後におっしゃっていた。

雷蔵先生はうっかり刀でたたいてしまうこともあり、竹光とはいえ、痛いんです。ごめんごめんと言いながら、「勝ちゃんやったら、うまいことやるんだろうけど、僕あかんわ」と、あっけらかんとしていました。自分の体が深く入っちゃうんですね。それで太刀筋をちょっと変える。それが掛かってこいの形になる。自分はここにいるからと。僕らも含め絡みの人は寸法が分かりますからね。刀の伸びる範囲まで行けばいいのだから。それ以上入ったらいけないというのが分かるんで。それでがぜん、「眠狂四郎」が良くなったんです。勝先生は逆で、入らないと。非常に素早いから、すり抜けていけるんですね。

そういう意味では、雷蔵先生は受け身、勝先生は攻めの芝居。立ち回りだけじゃなくて、やがて、そういう形になった。雷蔵先生は相手が挑んでいるのに、いつでも眠狂四郎のように姿勢が良く、勝先生は前のめりになってから攻める。待機型と攻撃型の両方をやれるから、とてもいい勉強になりました。大看板が2人で受けてくれるわけですから。楽しかったですね。

それから2人は刀のスピードが全く違い、両方に斬られていると、立ち回りは呼吸というのが分かります。瞬時に見破らなければいけないのは、眠狂四郎は高く斬る、座頭市は低く斬るんですね。斬られる方は高低を付けなきゃいけない。眠狂四郎では低く死ぬ、座頭市では高く死ぬ。全部瞬時にやるんです。

雷蔵先生は「炎上」「ぼんち」など評価された作品で関西弁の物も多かった。江戸っ子の勝先生も関西弁でスターダムに乗った。それが「悪名」で、しかも河内弁で。なぜか巻き舌の江戸っ子が関西弁をしゃべると味がいい。共演者で関西出身の田宮二郎さんよりも。不思議なもので、スクリーンって大スターの方へ目が行くんですね。

映画「江戸へ百七十里」でデビューした頃

師のぬくもり　**雷蔵先生は母、勝先生は父**

勝新太郎先生は普段も、本当に精根尽き果てるほど勝新太郎を演じていました。祇園に連れて行ってくださった時、主演映画「悪名」の八尾の朝吉の格好をするんですよ。着流しで、懐に手を突っ込んで。で、周りから「勝ちゃんや」と呼ばれるんですね。特に、「悪名」や「座頭市」のシリーズは親しみを覚える役でしたから。絶対に頭は下げない方で、貫禄もあります。だけど、周りの人が付いてきて、大変ですよ。十数人になったりして。約30年ぶりにテレビの収録でお会いした時は、勝新太郎は疲れるよとおっしゃっていた。

雷蔵先生はそういうことはほぼありません。演じ終わって化粧を落とすと、着流しで普通のおじさんのようになって。普段はメガネを掛けていました。皆をワーッと連れて行くのではなく、こっそり自分の後援会に来てくれますかと言うような方。18歳のころに1度、僕を期待の若手俳優だと言って後援会に呼んでくださったのです。ものすごく驚きました。着物を着せるゲームみたいなものをやった。すごくうれしかったですね。

こうしたことは雷蔵先生にとって、過ぎた謙虚でも何でもなく、普通のことだったのではと思います。子供の時から、そういう育ち方をなさって、人にはとても気を使う方でした。

雷蔵先生はどういうわけか、気に入った役者の腕をげんこでたたく癖がありました。痛いほど。普通は抱いたりすると思うんですが。うわさで聞いていたので、初めてされた時はうれしかった。ただ、知らなかった人は大変でしょうね。立ち回りでも好きな人には当てます。ほとんど失敗でない限り意識して。意識しているかどうかは謝るかどうかで分かる。謝らない時は、こっちはうれしいんです。分かってやっているんだと。謝られたら、がっかりして。考えたら、ややこしい人ですよね。撮影が終わり、「痛っー」とか言っていると、それを見て喜んでいるんです。気持ちを許すと、かわいい方だなあと思います。

芸風はまるっきり違いますが、互いを認め合っていました。楽屋すずめから二股を掛けていると言われたこともあって。勝先生はざっくばらんな方だから、どちらかに決めた方がいいんですかと聞くと、「雷ちゃんくらい、すごい役者がかわいがっているんだから、俺だってかわいいに決まっているだろう」と。

雷蔵先生はとても人恋しく、悲しかった人かなと思います。雷蔵先生が自分の母親だと思うのは、生母もよく

市川雷蔵先生（右端）の後援会で記念写真。中央が僕

笑い、歌ったけど、悲しかった人だと思うので。勝先生は父親で、離れていても、思い出したら俺はそばにいるよと。2人とも既に亡くなられましたが、師匠との出会いによって僕の人生が始まりました。15、16歳が激動期。映画デビューが決まった17歳から、考えて楽しんで生きられるようになったのです。

東京へ旅立ち　**大スター自ら父親を説得**

京都から東京に出るきっかけとなったのは映画「雨の九段坂」（1962年）でした。「雨の九段坂」は三橋美智也さんのヒット曲。昔はヒット曲の映画化がよくあったんです。僕は不良少年の役で、試写会で勝新太郎先生もご覧になって、安田公義監督が「勝ちゃん、ニューフェースで面白いのが1人いる」と。そして、安田監督は大映の東京撮影所に行かせようと働きかけてくれたらしく、勝先生も「東京に行った方がいい。ここにいてもスターになれないよ」とはっきりおっしゃいました。

映画の世界では駄目だとは分かっていて。田宮二郎さんを見て、もう無理だと思った。彼が主演の「宿無し犬」(64年)に僕も出ましたが、輝きが違いすぎる。デビューによって自分の分量が分かりましたから。脇役にはなれても、主役をやりたくて。見切りは早かったですね。

養父は東京行きに反対で、勝先生が頼んであげるとのことで、父を撮影所に連れて行った。勝先生は座布団を脇に寄せて、「お父さんね、ここに置いていたら駄目だ。京都で満足する男ではないから。私が見込んでいるんだから東京に行かしてくれ」と。大スターに頭を下げられ、父は何も言えなかった。見事なお芝居で、僕でさえ錯覚しましたもの。自分はすごいのかって。ただ悲しいかな、何をしたいかは全く見えていなかった。東京に行けば何とかなるだろうと。養父母から離れて1人になりたかったし、世界を変えてみたいとの思いは大いにあった。

東京に出る時、勝先生は「東京は終点じゃない。始発駅だからね」とおっしゃった。「いろんなものがあるから、来るものは全部やってみろ。続けたいと思うのがおまえのやりたいことだ」と。そして、「勝負できる場所を見つけたら、それがおまえという花を咲かせる花園だ」と。今も大事にしている言葉です。もう一つ「お金に飛びつくな」と言われ、「おまえが必要だったら、生活できるお金は落ちてくるよ」と。言い回し、比喩がとてもうまい方なんです。

雷蔵先生はほぼ反対だったと思います。最初は「もうちょっと修業してからにしなさい。やがて君は行くだろうけど、今行ったら、どっちつかずになるよ」と。結局、大映を辞めることになった時は「東京は大変やよ」とおっしゃっただけでした。

大映での最後の作品は65年の「若親分」と「鼠小僧次郎吉」で、僕にとって明日が見える役でした。「若親分」はシリーズとなり、主演の雷蔵先生は続編にも僕を出演させるつもりだったようです。三隅研次監督が「座頭市千両首」での僕を「やっと役者らしくなった」と雷蔵

東京行きを後押ししてくれた勝新太郎先生とSTVのテレビ番組で約30年ぶりに再会した僕

先生に言ってくれたそうです。三隅監督は雷蔵先生が大好きで、「眠狂四郎」シリーズで名作とされる「勝負」も三隅監督の作品。「三隅さんも褒めていたのに」と残念そうにおっしゃっていました。

クラブ勤め　家賃も払えず苦闘の日々

1965年に東京に来て、勝新太郎先生に紹介していただいた芸能プロダクションに所属しました。ただ、キャバレーに入れるタレントの事務所なので、俳優として僕を売り込むことはほぼなく、仕事があまりありません。21歳になっていました。

それでも、テレビドラマは何本かあり、仕事が来たら俳優はやっていました。芸名は「飛《ひ》鷹一《だかはじめ》」。一匹おおかみで、地べたを走るより空を飛んじゃえってんで。字画もへったくれもなく自分で勝手に付けた。「飛」は筆順通り書ける人が少なく、「鷹」は字数が多く、それなのに名が「一」とは簡単すぎる。

プロダクションの社長の知人がやっている新宿のクラブにも勤めさせられた。月給は出ると言うんだけど、まあ月給にはならなかったですね。バーテンダーをやり、我流のギターを弾いて歌い、ボーイとか何でも。芸能以外のことをやったらまずいなとも思ったけど、どういうわけか水商売の方に好かれました。ママが「この子面白いのよ、歌も歌うのよ」と。要するにたいこ持ちです。ＶＩＰルームの個室もあって、そこでお客さんを相手に酒を売りながら歌っている。ずっと嫌な仕事でした。

プロダクションは半年ほどで辞め、行き場がなくなった。このクラブに客で来ていたスペイン料理店のマスターに話をし、一銭ももらわないけど、その店に遊びに行って手伝った。フラメンコギターのうまい人がいて、「教えて」と頼んだら、その人は「俺は覚えるのに大枚の金を払った。ただでは無理だよ」と厳しい表情で言った後、「見て盗むのは勝手だよ」と。それはとても勉強、教訓になった。その人の休憩時間には僕も弾き語りをやらせてもらい、ほぼ明け方までうろちょろしていた。

僕は「頑張ってやっています」と夢のあるような感じで市川雷蔵先生らに便りを出し、雷蔵先生から激励のはがきを頂いていた。最後の便りは映画「陸軍中野学校」の仕事で上京するので一度ゆっくり会いましょう、と東京での連絡先を書いてくださって。だけど、ついに連絡しませんでした。お会いする勇気がなかった。その時はぎりぎりの暮らしで、20代は胃けいれんの毎日でしたから。精神的ストレスでしょうね。当時住んでいた世田谷区下馬の下宿の家賃、4畳半で4500円は3カ月で払えなくなった。一番お金がなく、のたうち回っていたころです。

その後、新たなサパークラブで弾き語りの道を見つけ、少し安定した時に家賃を払いに行った。すると、家主の方は「うちは学生の下宿で、芸人さんは初めてだけど、市川雷蔵さんのような大スターから期待を掛けられる人なんだから、気にしないで修業してください」と。この時は本当に情けなくて。人の情けの言葉が染みるより恥ずかしかった。

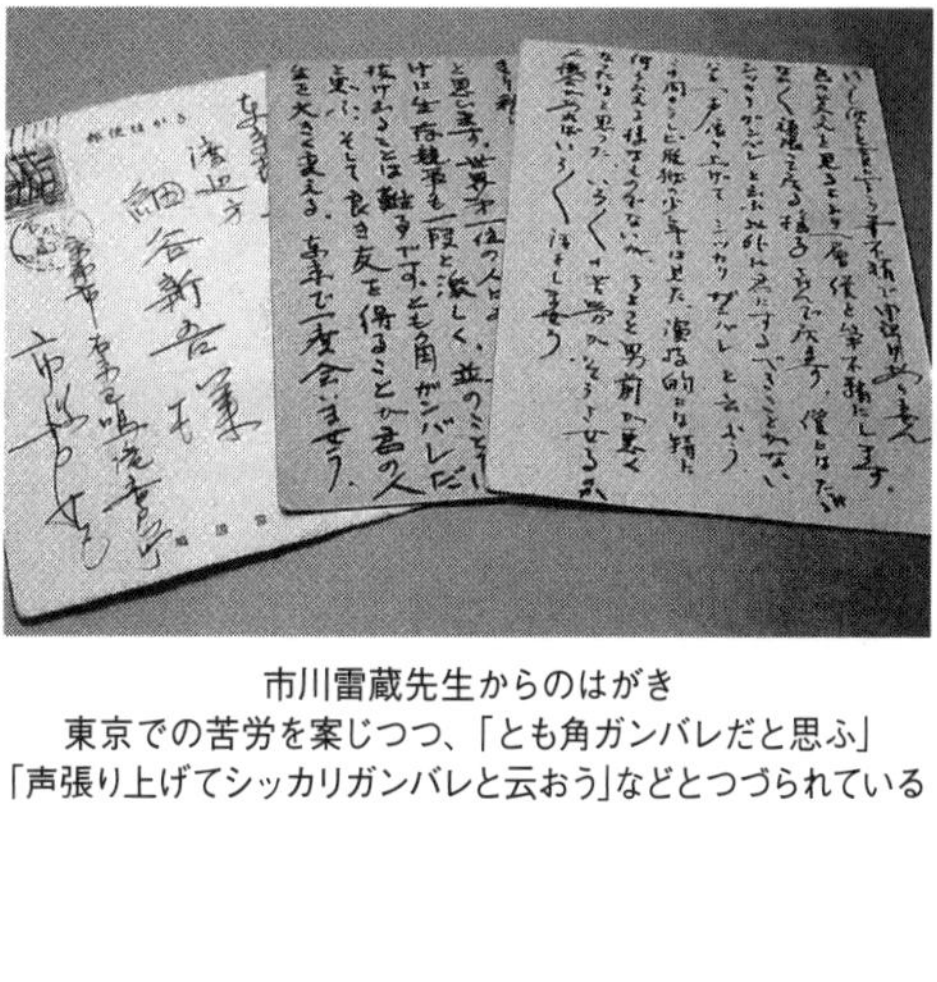

市川雷蔵先生からのはがき
東京での苦労を案じつつ、「とも角ガンバレだと思ふ」「声張り上げてシッカリガンバレと云おう」などとつづられている

弾き語り　**人気は出たが将来見えず**

新たに弾き語りを始めたサパークラブは東京の四谷にあった。向島の芸者さんや銀座のホステスさんが客を連れてきて、その世界では大変有名な店。年配のピアニストが1人いて、僕のようなギターの弾き語りを探していたらしい。マスターがえらく気に入ってくれて、オーディションに受かり、いつから来てくれるのかと。弾き語りでやっと生活が楽になり、食べられるようになった。東京でここにたどり着くまで8カ月くらいかかりましたね。

条件があって、呼ばれて客席に行くのはいいんだけど、歌うステージから客席に向かって話しかけたら駄目、リクエストを採ったら駄目。もう一つ大きな条件があって、歌を聴かせちゃ駄目。だけど、歌はうまくないと駄目。ＢＧＭなんです。弾き語りの最大条件はこれですね。

四谷のサパークラブがやがて銀座に店を出した時も行ったし、人気者でしたよ。珍しく男の客を持つ弾き語りだった。ステージからしゃべりかけたら駄目なので、僕にとっては地獄みたいなもの。席に呼ばれると、話は面白く、喜ばれたようです。

何を歌っていたかなあ。得意なのはワルツだったり。和田弘とマヒナスターズとかムード歌謡。外国の歌も「想い出のサンフランシスコ」「アズ・タイム・ゴーズ・バイ」とかですね。

この頃、同じように弾き語りをしていたのは湯原昌幸さん、尾崎紀世彦さん、五木ひろしさんら。当時、後々売れていく人はクラブ歌手からが多かった。

サパークラブでは信じられない幸運があった。オーディションで歌ったうちの1曲が美空ひばりさんの「髪」。ギターでポロンと弾いて「覚えているかしら私の髪が長いこと……」と語るように歌った。一番奥の席のお客さんの夫婦が「絶対この人はいい」と言っているとマスターに呼ばれて行くと、何と、「髪」を作詞した中村メイコさんと作曲した神津善行さんでした。

この時か、次にお見えになった時か定かではないが、江利チエミさんの「泣きたい時に」も歌った。これもお二人の作詞作曲。全くの偶然で知らなかった。当時、この店は和紙のコースターで、そこにメイコさんが直筆で詞を、裏に神津先生が譜面を書いてくださった。これは大事な宝物でしたが、今はどこにあるか分からない。札幌に来てから1992年に出した僕の最後のアルバムのタイトルは「泣きたい時に」。それくらい好きで大事にしていた曲なんです。

ただ、自分の将来が見えない。何がつらいかって、弾き語りで食えるようになったが、これでいいのかの毎日だから。明け方に帰ると、まずバーベルですよ。ベンチプレスをしていた。大映の時からずっとやっていたんです。自制心は強い方ですが、達成するものを持っていないと、流されて駄目になると思った。

東京・四谷で弾き語りをしていたころの僕

歌手デビュー 「三郎」超す「吾郎」に改名

東京での最初の大きな仕事は歌手としてレコードデビュー。1967年、23歳の時です。サパークラブでの弾き語りで人気が出て、うわさを聞いたレコード会社から誘いがあった。3番目に来たのがクラウンレコードのディレクター。他の社は偉そうでしたが、この人とは話が合い、レコードを出しませんかと言われた時は乗っかりました。

「夢はアルバムで、LP1枚を出してくれるなら、シングルを入れてもいいですよ」というようなことを抜かす嫌な男でしたね、僕は。それでもディレクターは採ってくれたんです。クラブで歌ったような曲をアルバムにしようと。それがデビュー後、半年足らずで実現しました。14曲入りで。新人としては異例で、あり得ないことです。

当時の芸名は「飛鷹一」でしたが、クラウンレコードの社長から読めないと言われました。それで「日が高い」にしようと。本名の「新吾」から「吾」を入れて、クラウンの看板が北島三郎さんだったんで二つ上回ってやろうと思って、「吾郎」に。これは本当の話。だから、嫌われる理由がいっぱいありますね。「日高吾郎」。今の「日高晤郎」につながる名前です。

デビュー作は「流れ者小唄」で、作詞は水沢圭吾。このペンネームでは今の人は分からないと思いますが、後に「珍島物語」などを作詞作曲した中山大三郎さんです。作曲はというと、刑務所でできた曲で、嵐一平が採譜となっている。中ヒットはしました。もろに演歌ではなく、ムード歌謡でもない。男歌です。「俺の心に足りないものは人を信じることだとさ」とか。それがどうしたの？（笑い）。でも、何か僕らしい詞だった。水沢圭吾、中山さんが僕を見て書いた詞ですから。「流れ者よと笑われるけど　おれも言いたいことがある　金と名誉じゃ買えないものが　おれのこころにあることを」。まるっきり僕の人生のようです。

大映東京撮影所にいた勝新太郎先生(左)に
歌手デビューを報告する僕。
京都に1度戻り、市川雷蔵先生にも報告しました

2枚目の「流れ者ブルース」も作詞は水沢圭吾。作曲の叶弦大は笹みどりの「下町育ち」などを書いたヒットメーカーで、そういう意味では僕は期待されていたのだと思います。

当時のクラウンは北島三郎さんのほか、水前寺清子が売れて、若手のアイドルは西郷輝彦。そして山田太郎、五月みどり、渡哲也、小林旭……。すごいですよね。キャッチフレーズは小林旭さんが「マイトガイ」で、僕は夜の酒場で歌っていたので「ナイトガイ」。これでどうやって売れるんだろうと思った。

ソノシート4枚組の「クラウンヒットパレードブルース特集」も発売された。僕の「流れ者ブルース」に小林旭さんの「放浪のブルース」、美川憲一の「新潟ブルース」、緑川アコの「ふうてんブルース」など。歌手8人の写真グラフ付きの紹介と共に1曲ずつが収められていました。

新曲次々と　**やり尽くして未練はなし**

　1967年のデビュー曲「流れ者小唄」のキャンペーンはメチャメチャやりました。そういうのは嫌がらず、ノリはいいんです。ギターとレコードを積んで、北海道と四国を除いて車で回った。レコード会社の営業が行く先々で付き、レコードを車に載せてくれる。飲み屋街では弾き語りで歌った。流しですね。少し後にはレコード店でも随分やった。買ってくれるのはほとんど男。「流れ者小唄」はまさに男の世界ですから。でも、よく読むと、どこにも属しない一匹おおかみの詞なんですね。

　作詞者の水沢圭吾、後の中山大三郎さんとも一緒にキャンペーンに行った。亡くなる前に会った際、思い出話をして、「あのころは面白かったね」と。当時は、売れなくても面白いやつにはレコードを出していた。中山さんは言っていた。「俺は晤郎がいたから、いろんなのを試せてよかった」と。周りから「売る」という言葉が消えた途端に居心地が良くなった。売れなきゃという責任がなくなって。そういうつもりでやると、レコードは面白い仕事として残る。

キャンペーンは一銭も入らない。レコードは新人の場合は3千枚売らないと。3001枚から1曲1円なんです。1万枚ならヒットのうちに入る。「流れ者小唄」は3万5千枚くらい。だから中ヒット。それで68年にはテレビドラマや映画の主題歌も歌っています。連続テレビ映画「さむらい」の主題歌は作詞家星野哲郎先生との最初で最後の仕事。東宝映画「砂の香り」は浜美枝主演で、明治百年記念芸術祭参加作品でしたが、主題歌は相手にされませんでした。

デビューして3年のうちに、ほとんどやり尽くした。瞬く間でした。シングル8枚、「眠れぬ夜のバラード」というアルバム1枚。ほかに企画物の1枚があります。多分、多い方です。ディレクターがよほど好きでいてくれないと、こんなに出せないですよ。僕を売りたいという声は周辺からあっという間に聞こえなくなりましたから。ディレクターだけは面白がり、僕でいろいろと試したかったらしい。歌手としては全くお金になりません。サパークラブでの弾き語りは続けて、暮らしていた。

周りの歌手を見ても無理だと思ったし、歌手の世界で行こうという野心は全くなかった。とても見切りやすかった。札幌に来た時も、口さがない人は「あれは東京や京都で歌をやっても映画をやっても売れなかったんだ」と言ったが、ある意味、売れなかったのは幸運だと思っていて。もし売れていたら、僕みたいな性格ですから、きっといい気になっていたと思います。

雷蔵先生が69年に37歳で亡くなられた時、僕はまだ歌手をしていました。部屋の真ん中辺りで背中を丸めて、ずっと泣いていました。ただ、今考えると、37年間でも生ききった方ですから、残念とか悔しいとは思いません。

「流れ者小唄」など僕が出したシングルレコードの数々

テレビドラマ「特別機動捜査隊」出演も

東京ではテレビドラマにも出て、単発で犯人役もあった。刑事物の連続ドラマでは刑事がレギュラー出演し、犯人が主役なんですね。その最初が「特別機動捜査隊」(1961〜77年)で、上京して間もない65年以来、3本ほどに出た。67年にクラウンレコードから歌手デビューした時は、ドラマのプロデューサーがよく覚えていて連絡をくださり、「おめでとう。今度は君のために1本書くから出るか」と。その役が九州の平戸島出身の青年で、歌手を目指して上京し、事件に巻き込まれて故郷に舞い戻ったとの設定。ロケで平戸島にも行った。23歳の僕自身、本物の新人歌手でした。

5年ほどたって再び連絡をいただき、今度は刑事の役を用意してくれた。犯人から、急に高倉班の日高刑事になった。だから大変ですよ。犯人を追っ掛けるのか、逃げているのか。日高班の田代刑事もやり、刑事役はほぼ3年。最後の刑事の1人だったと思います。この番組は16年間続き、当時は「銭形平次」と並ぶ長寿番組。刑事物では「七人の刑事」が並び立っていた。僕はちょい役ですが、「七人の刑事」にも出ている。「特別機動捜査隊」はすごく大きな作品が出てきて駄目になった。それが「太陽にほえろ！」です。

忠臣蔵がテーマのNHKの大河ドラマ「元禄太平記」（75年）にも出ました。銀座のクラブで弾き語りをしている時、お客だったNHKのプロデューサーからオーディションを受けないかと誘われたのです。歌手デビューもそうですが、僕は全部、飲み屋から始まっている。事務所はないから人間関係で。時代劇をやっている人が少なかったので、オーディションではせりふを言ったら一発でOKでした。こちらは大映の時代劇出身ですから。大石内蔵助は江守徹さんで、僕は赤穂四十七士の1人、片岡源五右衛門。藩主の浅野内匠頭が切腹に向かう時、庭に座って見上げ、「殿」と言って涙を流す名場面も演じました。

この後、銀河テレビ小説などNHKで幾つかレギュラー出演したと思います。せりふがしっかりしているとも言われた。

73年の正月映画（72年12月末公開）で日活ロマンポルノにも1本出た。峰岸徹が主演の「哀愁のサーキット」。僕は彼を助けるライダーの役で、ほぼ準主役。台本を出し、どの役でもいいと言うので、パンツを脱がなくて済む役を選んだ。そういうシーンが嫌で出るやつなんていないから、ひどいやつですね、僕は。監督は後に出世する村川透さん。今思うと、日活ロマンポルノは文芸作品もあるし、後の主役級のバイプレーヤー（名脇役）など、当時はいい役者が出ています。この後、主役でもう1本話が来た。タイトルは「外人妻」。衣装合わせがないと言うんですね。ほぼ裸だから。断りました。この道に進むつもりは一切ありませんでした。

テレビドラマ用の衣装を着た僕
ドラマのタイトルは今では覚えていません

ラジオ番組「台本通り」は性に合わず

クラウンレコードを26歳で辞めて2、3年後、声優の仕事も来ました。洋画のテレビ放送などの日本語吹き替え、アテレコです。最初に「007」シリーズのジェームズ・ボンド役、ショーン・コネリーをやった。これもオーディションです。「ゴールドフィンガー」(1974年放送)と「ロシアより愛をこめて」(75年放送)。いずれも今、日高晤郎による幻の初回放送版としてDVDが出ています。

その後、ナレーションやアテレコのレギュラーが来て、洋画は3年くらいはやった。報酬は安いので、ものすごく数をこなさないと。僕の神経では駄目でしたね。暗がりで、ずっと台本を読んで声を当ててるだけでは。主役は絶対、画面に出ている俳優なんです。もう一つ駄目なのは声の悪さです。声量がない。

アニメにも呼ばれたが、映画より悪かった。レギュラーのグループだけで飯を食ったり話をしたりするので、浮いてしまう。もっと悪いことに、毎週のことだから絵が間に合わない。

先に声を入れ、絵はその寸法で描く。こんなことやっていられるかと。なまじ映画の世界にいたので、声優は2番手、3番手の仕事だと思うから。休憩時間に芸術論を交わしている場に、どうしても入って行けなかった。僕の居られる場所でなかった。

声優をやったおかげで多少知られ、ラジオもいろんな方面から声が掛かった。ただ、僕の生きる所じゃないなと思ったのはほとんどが台本。この頃には、自分の経験を含めて自由にしゃべりたいと思っていたんです。

TBSではクラシックの番組でピアニストの中村紘子さんの相手役。ほぼ台本はあった。監修は作曲家の山本直純さんで、夜通し飲んだこともあります。

一つだけ自由にしゃべっていいのが歌謡曲のランキング番組。東京で録音し、流れるのは福岡だけ。日曜日の1時間で、裏に強力な人生相談の番組があったけど、3年で聴取率トップになり、いけるなと思った。ランキングは動かせないから、曲の間をしゃべりでつなぐ。イントロにもすごく強くなった。4、5年やったかな。でも、よそ者がトップを取るのはまずいと福岡の放送局に言われた。うちのアナウンサーでそのままやるから、あなたは30分ほど時間が空いている枠でやっていいですよと。その言いぐさはないだろと思った。放送局の都合ってそういうことなのかと。当然、辞めてやるですよ。

名優ゼロ・モステルの「俳優は少し金を持っていた方がいい。嫌な仕事を断るために」という言葉を本で知り、すごく衝撃を受けた。その日がいずれ来ると思い、クラブでの弾き語りは続け、お金をためた。歌手も声優もすっぱり辞める。僕の腹は決まっていました。30歳を超えたらケリを付けてしまおう。それが次第に、札幌でのラジオとの出合いにつながっていきます。

二つの出会い　**強力な味方　札幌で再出発**

30歳を過ぎ、クラブでの弾き語りもきっぱり辞めた。稼げるから思考が止まってしまう。弾き語りは未来がないです。必死に食らいつく仕事じゃない。違うと思うと諦めが早いんです。

稼ぎがなくなり、さあどうするという時、テレビドラマ「プレイガール」に出ていたころの俳優仲間から連絡が来た。彼は当時、札幌の琴似のキャバレーでショーのゲスト入れ、通称「箱入れ屋」をやっていて、「3日でいいから出てくれないか」と。予定のゲストが入らず、急きょ埋めなきゃならないという。僕は蓄えを使い減らしていた時だったし、彼を助けると思って1977年秋、ギターを抱えて東京から札幌にやって来た。

キャバレーでの弾き語りは、「知りたくないの」などのムード歌謡、越路吹雪さんのファンなので「ラストダンスは私に」など。「ろくでなし」では替え歌にしてお客に受けた。オーナーに気に入られ、もう少しいろよと。ススキノによく飲みに連れて行かれ、結局1カ月滞在した。そして誘われるまま、雪が降るころにもまた来たんです。

店を休みにしてホステスさんら従業員の慰労会を開くことになり、オーナーから演出を頼まれた。「一本刀土俵入り」の書き割りを作り、語りは全部僕がやるようなショーで、底抜けにおかしくて、受けた。オーナーが「面白いやつがいる」と僕を紹介したのが、当時STVのラジオのディレクターだった岩本芳修さん。この慰労会にも招待していた。私にとって大きな出会いで、岩本さんは「あなたはすごく面白い」と言ってくれて。1、2カ月後に連絡をくれて、78年4月から「おくさま広場」という番組を持たせてくれた。これまでもラジオの経験はあったけど、好きなことをしゃべっていいと言ってくれたディレクターは岩本さんだけ。その後の「日高晤郎ショー」へと僕を支えてくれることになります。

札幌パークホテルとの出合いもこのころ。東京の先輩俳優に紹介され、ホテル内の中華料理店の調理人だった平野薫さんを訪ねた。先輩から「飯を食うのに困ったら、そこへ行けば、きっと安くしてくれるよ」と言われていたのです。本格的な付き合いは半年後、「おくさま広場」を担当して札幌に通うようになってから。友情の始まりです。僕をほったらかしにせず、来て早々から全面的にお世話になった。この土地で平野さんの存在は本当に大きい。紹介された当時の小山内信一総支配人もとてもかわいがってくれました。

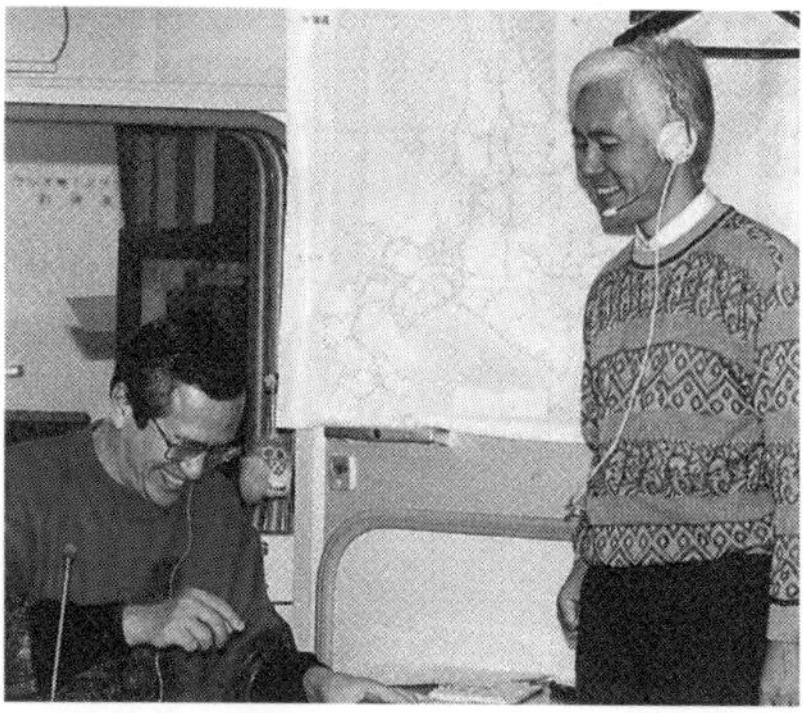

岩本芳修さん(右)がディレクターをしていたころの「日高晤郎ショー」のスタジオで

ＳＴＶは岩本さん、パークホテルでは平野さんが人間関係をつないでくれた。この二つの出会いがなかったら、僕の人生の後半はぐだぐだでした。市川雷蔵先生と勝新太郎先生が生みの親とすれば、ＳＴＶとパークが育ての親。パークは母ですね。父はＳＴＶで、口を出すけど金は出さない。うそですよ。番組やショーでギャグで言っているネタです。罰当たりなギャグですね。

トークショー　自由なしゃべりが自信に

１９７８年春から札幌に通う際、東京の仕事を幾つか断った。ＴＢＳラジオでもいい話があったのですが……。札幌で出会ったほど大きなきっかけにならなかった。この土地が面白かったんです。腹をくくりました。

ＳＴＶラジオの「おくさま広場」は土曜午前10時からの1時間番組。月に1、2回札幌に来て収録した。その土地の空気を吸って放送することにすごくこだわりがあった。当時、北海道のことはほとんど知りませんでしたから。最初のころは交通費やホテル代が出ず、自腹でした。ホテルからトコトコ歩いてSTVに行き、録音が終わったら仕事も何もなくて。STVの向かいの居酒屋にご飯を食いがてら居着いちゃうような感じで。

収録でしたが、音楽もその場でかけてもらい、リアルタイムで生と同じ呼吸でやった。好き放題にしゃべって、芸談もやっていた。歴史が好きだから、悪女伝とか歌舞伎役者の話とか勝手にシリーズやテーマをつくり、最後の最後には話がなくて自分で創作もした。何度も聞きたくて聞き手が録音するくらいの番組を作ろうと思った。後にラジオ局次長として「日高晤郎ショー」の母体をつくってくれた関口澄《とおる》さんも聞いてくださって。芸事の大好きな方で、STV内に当時あった喫茶店で役者や噺家などの話をよくしました。

「おくさま広場」での語りが面白いと思われたのか、「オハヨー!ほっかいどう」内で箱番組「朝から何ですが」もやりました。5分番組で前後にCMがあって中身が3分20秒くらい。タイトル通り朝から何ですがという話ばかりで、ショートショートの色っぽい内容。放送に出せなかった物もありますから。

この頃、三越の札幌店長から石原裕次郎さんのトークショーの司会を頼まれた。前座で僕が弾き語りをした後、ゲストを紹介するのですが、聞き手というより対談の形になった。会場の人は僕を知りませんから、この男は何なんだと思ったはずです。裕次郎さんが歌う予定はなかったが、カバー曲の「爪」なら歌うのではと思って歌詞カードを用意したところ、僕のギター伴奏で歌ってくれました。初対面でしたが、師匠が勝新太郎先生と言ったら打ち解けてくださったみたい。懐かしいですね。

大変ありがたいことに、「おくさま広場」を聴いていたホクレンの方がトークショーをできるんじゃないかと僕に目を付けてくれた。牛乳の消費拡大のため、ホテルのラウンジでカフェオレを飲みながら面白い話と歌手の歌を楽しむ「カフェオレサロン」。ホクレンの主催、STVの制作で、札幌の主なホテルを回った。ゲストの歌手は毎回1人で、菅原洋一さん、阿川泰子さん、北原ミレイさん、堀内孝雄さんら。デビュー間もないジ・アルフィーも来た。こうした出会いは後に、僕の財産になりましたね。僕の語りは粋なジョークを詰め込んで、自信になった。

冠番組の挑戦　**生の9時間枠　闘い取った**

ＳＴＶラジオの「おくさま広場」は録音でした。面白い番組と言われだし、自信が確信に変わったころ。ここで勝負に出ようと思った。ディレクターの岩本芳修さんに言いました。生放送でやらせてください。僕の名前の付いた番組で勝てなかったら首を切りやすいでしょうと。

聴取率でトップを取るとも言いました。「おくさま広場」では勝てない。僕のタイトルじゃないし、ラジオはしゃべり手で聴かせるんですから。勝てばスポンサーも乗りますし、会社にもうけていただかないと、僕の稼ぎはどこからも取れません。

「おくさま広場」の５年間を終えて１９８３年４月、「ウイークエンドバラエティ日高晤郎ショー」が始まった。闘い取ったのと同時に責任もあります。ただ、最初は土曜の正午～午後３時で、３時間なら誰でもやっていたので勝てないだろうと。不平不満だらけで1年間、番組で愚痴を言っていた。「何をやっているんだ。この会社は勝つつもりがないのか」とか。

よね。
挑戦状ですね。路上に寝て殺したきゃ殺せみたいな。ひどいもんです。そりゃ、嫌われます
ラジオ局次長の関口澄さんがそれをお聞きになって、1年後の84年から、一気に午前9時
〜午後5時の8時間となった。自分で旗を振って、勝つからと言ってもらった時間ですから。
よくくださったと思います。
関口さんからは10年続けられたら奇跡だと言われました。8時間をやると、5割は嫌われ
るよとも言われたと思います。僕がその時に答えたのは、7割5分は嫌われても大丈夫です、
2割5分に好かれればOKですと。5割はぜいたくすぎる。2人に1人が嫌いということは、
逆に2人に1人は好きなわけです。そのおかげで覚悟を決めて、勝てるプログラム作りに取
り組んだ。関口さんの意思は忘れてはいけないと思っています。
8時間になって聴取率がトップになった。このころ、普通に生活できるギャラとなり、他
のバイトをやめた。欲心を捨てて。そして、あと1時間くださいとおねだりしたんです。そ
れで87年から、午前8時〜午後5時の9時間の現在の形になった。
9時間もしゃべると絶対に馬脚を現して、嫌なところも出る。それで30年勝たせてくれた

のはうれしいじゃないですか。好き嫌いはお互いさまで、7割5分を見切らないと仕事はできない。自信と確信を持ち、人に負けない勉強量で、いかにもちゃらんぽらんにやっているように聞いてもらう。本当にちゃらんぽらんの時もありますけど。

振り返ると、この地に定めて良かったですね。当時、東京での弾き語りで稼いだ金は使い果たしていたし、引くに引けなかった。熱心なお客さまが付き始めたのもうれしかった。それから、ディレクターの岩本さんの「好きにやってください。僕は面白いと思うから」という言葉がなかったら、やめていたでしょうね。

8時間のころの「日高晤郎ショー」
初代のアシスタントと共に

スタジオ　観覧席設け　臨場感大切に

「日高晤郎ショー」を放送するSTVラジオ第1スタジオには約40人分の観覧席がある。最初からお願いしたのはお客さまを入れること。客のいないショーはないし、臨場感がないと晤郎ショーではない。自由ですが、常識として違うことは違うと言います。いたずらに足の裏が僕に見えるような足の組み方をするとか。遊びに来てとは言っているが、本当に遊ぶなとか。俺は仕事をしているんだから。

スタッフも役どころですから、無関心は許しません。ブースの後ろのガラス越しにもスタッフがいて、面白いことを言っただろうと思って振り返ると、若者が「うん、うん」とうなずくのも駄目。「面白いこと言ったな、じいさん」みたいな感じで。うなずくだけなのはやめろと。放送終了後、スタッフで打ち上げをするのも毎度のことです。

スタジオを訪れるのは常連の方々が多い。子供のファンは間違いなくお父さんがファン。そのお父さんのきっかけはと聞くと、そのまたお父さん。僕の願いは親子3代です。長くやっている意味はそこにありますね。親がニコニコして聴いていたら子供は絶対好きになる。番組中に今、7歳の男の子も電話してきます。ちゃんとしていて、5歳の妹の近況も。それをやくざみたいな口調で読んでやるんです。「晤郎さん、お元気ですかい」なんて。スタジオやホール公開にも来たことがあります。

ラジオを聴いている人も隔靴掻痒《かっかそうよう》の感で、いいと思うんです。靴の上から足をかくようなもどかしさで。やがて、1回でも晤郎ショーのスタジオの現場を見たくなるのかもしれません。

手紙は1週間に多い時は50通を超えていたが、今は減りました。それでも20通を下ることはない。あとは電話と、最近はぐんと減ったファクス。時代を反映してメールが圧倒的に多い。

手紙を読むのも大原則があって、必ず上手に読む。本人がこんな名文を書いた覚えがないって思うくらいに、質を高く。言わんとしていることを最高の表現で読んで差し上げるのはサービスですから。他の人の番組を聴くと、実にぞんざいに読んでいますよね。相づちを勝手に入れたり。例えば「誰それさん、こんにちは」「はい、こんにちは」とか。もっと言うと「こんにちは」も要らない。だから、そのまま読むのではなくて、文章は必ず添削します。品物が同じでも「包装」をきちっとするように。僕は「放送」業界ですから。こんなギャグで皆に言いますけど、上手に読むのは仕事の一つ。メールも同様です。

東京から札幌に通って、木、金曜は手紙などを読む仕事が大半。番組が始まってから欠かさず手紙をくださる方もいます。読まれるかどうかはともかく、リズムになっているんじゃないでしょうか。とてもうれしいですね。

「日高晤郎ショー」のスタジオの観覧席
笑い声や拍手、間近な触れ合いの様子がラジオにそのまま流れる

トークのネタ　**歌謡曲、本、雑学　常に勉強**

「日高晤郎ショー」は3時間の時も短いだけで、9時間の今とほぼ同じ感じですね。同じプログラムをいつも以上の元気と内容でやるのが心の中のキャッチフレーズ。勉強は欠かせず、番組のある土曜以外の日は土曜のために使っていると言って過言ではない。1時間の「おくさま広場」は3時間楽々できる勉強量でやっていたので、3時間の「日高晤郎ショー」になっても慌てなかった。3時間の時は6時間できる分量を用意していた。そこに手紙などが増えてくると、ネタが残るわけです。歴史や語源などのネタだと、10年後でも20年後でも使えます。しゃべるネタには困りません。あまり時事ネタで時間を引っ張ろうとは思わない。「語源・雑学・縦横無尽」など自分で作ったネタを重視している。タイムトラベル「昭和の流行歌《はやりうた》」では、優れた歌謡曲をその時代を語りながら紹介しています。

毎週5冊ずつ紹介する「私の本棚」は好きなミステリーを軸にエッセーや写真集など。小学生の時、恩師の村上先生に言われて図書室の本を全部読んだこともあり、読書は好きなので。映画のＤＶＤも体調がいい時は1日に3本も。勉強がスムーズにいくと昔の映画も見ちゃう。

難しいのは「語源・雑学・縦横無尽」で、調べる本は10冊以上。五十音順でまだ「た」行の「た」。調べると話はどんどんと広がり、勉強部屋で寝転んで天井を見ていて発想が浮かぶと、寝られないのを覚悟するしかない。面白いですから。広がらず疲れるばかりの時も。頭が全く働かないこともあり、2、3週先まで作っておかないと。語源・雑学までは本に頼れても、なかなか縦横無尽にいかない。

スタジオにはゲストも来ます。歌手はできるだけ楽しい時間をつくれる相手で、一生懸命頑張っている人は北海道にいるなら遊びにいらっしゃいという場合もあるし、お客さまにあいさつして帰りたいという人もいる。時間が合えば横に座ってもらって、いろいろと話をします。

市町村長をはじめ、農協や漁協、商工会などの方も来ます。地元密着型の番組を作ろうとは思っていないが、発信したい人にいささかでもその時間を差し上げるのは、この土地でやっている礼儀だと思う。遊んでくれるといいですね。観光協会の人も地元産品を持ってＰＲする。そのうち、気を利かしてスタジオのお客さまにも持って来た方がいいかなと。お客さまも意識がいくし。それはそれで面白くて、ラジオは一つの劇場になる。ただ、番組の作り方は基本的に全国区だと思っている。地方番組というくくり方は賛成できない。誰が聞いたって面白い番組を作るべきじゃないですか。

ゲストは好き嫌いで決めているように見えますが、その通りです。嫌いな人と長くいて僕が不機嫌になると、お客さまに失礼ですから。

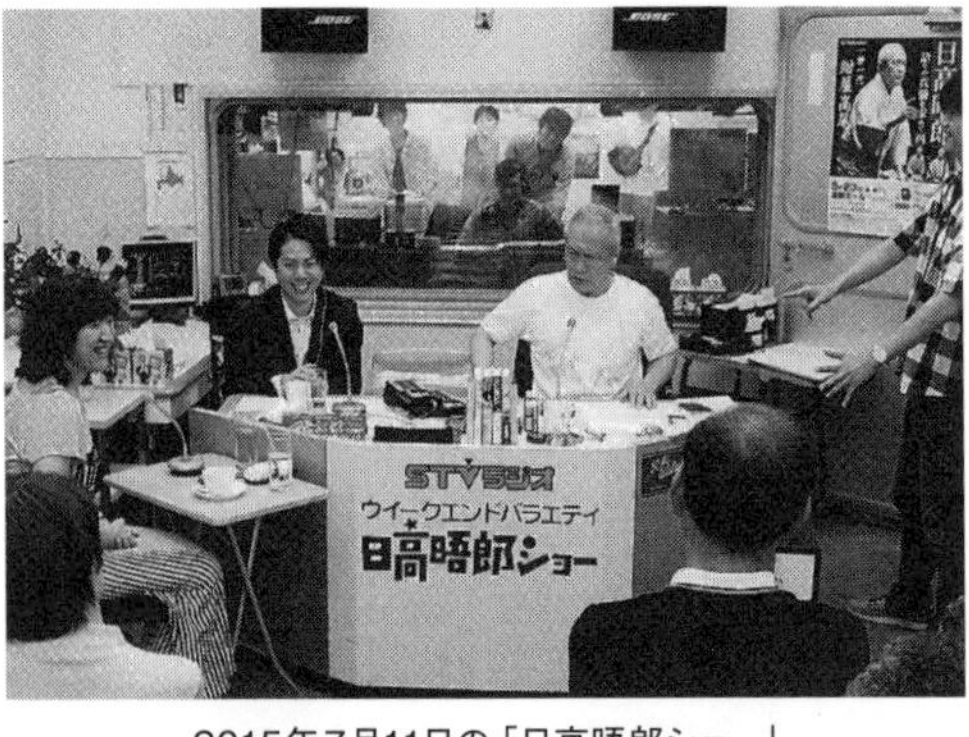

2015年7月11日の「日高晤郎ショー」
ゲストの歌手はこおり健太さん（左から2人目）で、
平山さゆりさん（左端）も駆けつけた

広がる活動　**語りのレコード　生で録音**

ＳＴＶラジオで「日高晤郎ショー」の前の「おくさま広場」を担当していたころから、番組のうわさを聞き、とんでもない面白いのがいるということで、語りのレコードを勧めてくれた人がいます。当時、東芝ＥＭＩのディレクターをしていた廿楽《つづら》正治さん。「北の語部《かたりべ》」のタイトルで１９８５年に第１集、86年に「北の語り部」として第２集を出しました。

この業界はそういう冒険家がいるんです。先物買いの冒険家ですね。僕の語りとゲストの歌で札幌の主要なホテルで行った「カフェオレサロン」の延長です。こうしたトークショーをできるなら、レコードにしたら面白いというのもあったようです。

芸談の名人話「松江の甚五郎」、市川雷蔵先生や小学校の恩師の話、おしゃべりなどに歌も入っている。「石狩挽歌」「或る女の一生」などです。その頃はそれなりに自信があったんでしょうね。お客さまをＳＴＶホールに集め、ギターもバイオリンも生演奏で、語りながら歌も同時録音したから。そのままライブ録音でレコードにした。面白いことをやっていましたね。

語ることが好きで、物語の語り部になりたかった。放送作家なんて僕にとっては言語道断で。ニッポン放送から声が掛かって週替わりで番組を持った時、ある有名な司会者が「放送作家が書いたものを自分の言葉のようにしゃべるのが王道で、1人でしゃべるのは邪道だ」と僕のことを言うのが聞こえてきた。自分で使う言葉を知らない人が放送作家を付けるのであり、ラジオって、しゃべっている人間が全責任なんです。他人の責任まで背負うより、自分でしゃべって自分で背負う方が手っ取り早い。

東芝EMIからは歌だけのアルバム「泣きたい時に」も92年に出しています。山上路夫さん作詞、堀内孝雄さん作曲のシングル「つづれ織り」も90年に出し、B面の「街の灯り」はアルバム「泣きたい時に」や「北の語部」にも収録しています。

「街の灯り」は堺正章さんのヒット曲。日高晤郎ショーの終わりやディナーショーでもほぼ締めに歌っている。きっかけは「カフェオレサロン」で、心に届くような話の後に僕の歌で締めていて、いろんな曲を歌ったところ「街の灯り」の納まりがよかった。晤郎ショーを始めた時も歌で終わりたいと思い、選んでもう30年以上。終わり方のパターンができたんです。

ただ、番組で9時間しゃべった後に歌うのはきついんですよ。この曲は飽きないけど、難しいですね。

語りでは、スタジオに掛かってきた1本の電話を基に作った独り語り「峠道」は1時間番組で別に放送し、85年の日本民間放送連盟賞ラジオ娯楽部門で最優秀賞を取った。後に舞台の芸談でもやっています。97年にも「百年先を見据えた男　広井勇物語」で最優秀賞をもらった。語りのレコードのタイトル通り、「北の語り部」でいたいと思います。

ＳＴＶホールでの「北の語部」のレコーディング風景

芸談の舞台　**笑いと涙の「紺屋高尾」**

もともとラジオの中で何代目の歌舞伎役者とか芸談をやっていて、舞台に掛けてはという話があった。その第1回が1985年11月、札幌・共済ホールで開いた芸談を聴く会。事もあろうに「紺屋高尾」と「愛の讃歌　エディットピアフ伝」の2本立てで。71歳の今年、「紺屋高尾」は9月23日の道新ホールでの会で最後にしようと思っています。「エディットピアフ」はまだ夢があって、プロのピアニストと歌手を入れてやりたい。

舞台に上げる前に江別の釜飯の店「やか多」で会を開かせてもらいました。やか多といって、2階の座敷をぶち抜きにして芸談を語り、終わると懇親会で釜飯を食べる。床が抜けるんではと思うほど人が入り、舞台でやる自信がついた。やか多会がなかったら階段をちゃんと踏んでいけたかどうか分かりません。舞台での着物も札幌の呉服店が作ってくださり、いろんな方に支えていただいています。

「語りの真髄を求めて」などとして、年に1回は会を開き、地方でも随分やった。今でも忘れられないのは「紺屋高尾」を名寄の全くフラットで細長い客席でやった時で、いただいた拍手がすごくて。笑いも涙も……。

持ちネタは10ぐらい。同じものも何度かやり、練り上げていきます。一番やったのは「紺屋高尾」。落語や講談のネタからアレンジして作り、「忠臣蔵外伝　澤村淀五郎」もそうです。山本周五郎原作の「釣忍」「松風の門」もある。「上方寄席芸人伝　桂文京」は私の原作、オリジナルです。

90年に札幌で、5夜連続の会を開いたことがある。これは死ぬかと思いました。月～金曜と1夜1話ずつ、計5話の芸談をやって、土曜がラジオの「日高晤郎ショー」ですから。5話は「エディットピアフ」や「峠道」、山本周五郎原作の「立春なみだ橋」。そして、「紺屋高尾」は一番ストーリーが分かりやすく、笑いあり、最後に涙ありで。「桂文京」は劇中劇のように、話の中で僕が落語をやる。大阪弁の上方落語です。

「松風の門」はSTVテレビの「日高晤郎のスーパーサンデー」でやらせてもらったことがあります。それはうれしかった。リアルタイムで時間通りにできて、体内時計はつくづく大事だと思った。

ラジオも全編語っているつもりです。出任せでつないで糸目の粗いところも見せているけど、本当にやらなきゃならないところはすごく繊細に作っているつもりなんです。大事なコーナーは全部、しゃべるコラムだと思っている。一つ言葉を拾ったよというような、一日一言あればうれしいじゃないですか。

独り語りの最終目的、終着駅は僕の師匠である市川雷蔵先生と勝新太郎先生です。語り継ぐことによって僕も生きてきたし、お二人も生きていると思うのです。

第1回芸談を聴く会の僕
（1985年11月、
札幌・共済ホール）

「やか多会」で福見章やか多
社長（現会長）夫妻と
（85年3月）

テレビに進出　**大物次々　日曜の夜華やぐ**

ＳＴＶテレビの「日高晤郎のスーパーサンデー」は１９８９年10月に始まった。ラジオの「日高晤郎ショー」が始まって６年後です。晤郎ショーの育ての親である関口澄さんから「テレビをやってくれないかという話がある」と。日曜午後10時半から１時間の放送で、土曜に晤郎ショーが終わって日曜昼からリハーサル。晤郎ショーのため読書やビデオを見るなどの勉強があったが、テレビの１時間くらいをできないでどうすると心を決め、できますと答えました。

最初はトーク番組ではなく情報バラエティーで、夜の中継などもあった。中継をつなぐ立ち位置で、どうするんだよという感じ。僕の思うようにやってもらえなかった。会社側とすったもんだがあって、中継などはやめてトーク番組にしてほしいと言った。希望は通りましたが、会社は大変だったと思います。

限られた人数のお客さまにＳＴＶホールを公開してやった。ゲストを選ぶ際の希望として、北海道出身者を優先するのはやめてと言いました。北海道の番組というより、北海道発信の全国の番組を作りたかった。

北島三郎さんや五木ひろしさん、美川憲一さんら何回か来てくれたゲストも多い。五木さんはアコースティックギターで歌ってくれた。偉い男だなあと思いました。努力をやめないですものね。僕が東京・銀座で弾き語りをしていた時、五木さんが弾き語りで歌っていた店も知っていて。お会いした時、「あれが俺たちの学校でしたね」と話しました。彼は当時のことを隠さない所が偉い。隠して、しらっぱくれる歌手もいるんです。

北島さんからはありがたい言葉を頂いた。「俺は東京で売れたかった。だけど、北海道に来て、芸能や文化を売る人間が一人もいないんだよ。晤郎ちゃん、やり続けてくれ。やっていることは大切なことなんだから」と。もともと僕がクラウンレコードでデビューした時から存じ上げている大スターで、当時、「異色の新人って、あんただよね」と声を掛けられたんです。

まだ売れていないころの天童よしみは僕が希望して呼んだ。スタッフからは反対されたけど、僕はラジオでずっと「天才がいるよ」と話していて、説得した。この回の天童はほとんどしゃべらず、歌うだけ。それで十分でした。今でも、再会して一番うれしい人ですね。まっすぐ声が出て、圧倒的にうまい。

歌手の西郷輝彦さん、舟木一夫さん、三田明さんら、俳優の長門勇さんら、今振り返ってもすごい顔ぶれですね。藤圭子さんは歌のうまさにびっくりしました。南こうせつさんの時は4畳半のセットで凝った演出をして面白かった。東映の大部屋暮らしが長かった川谷拓三さんは、大映の大部屋を経験した僕と映画の話になると、途端に姿勢が良くなった。アイドル系やお笑い系の人たちも結構出てくれました。

「スーパーサンデー」で
ゲストの五木ひろしさん(左)と

変わらぬ思い　**勝先生と30年ぶりに再会**

１９９４年2月、大映京都撮影所時代からお世話になった師匠の勝新太郎先生と約30年ぶりに札幌で再会できました。ＳＴＶテレビの「スーパーサンデー」にまさかゲストに呼べると思っていなかったので本当に驚き、ありがたくて。胸が詰まりました。何も変わっていませんでした。この時の僕を「うれしそうで、あそこだけ子供のようだった。ああいう顔を初めて見た」と言う人も多かった。

再会した勝先生は「俺を先生と呼ぶけど、履物一つそろえない弟子だったよね」と。荷物を持つとかも一切やらなくて。僕はどうやっていいかが実は分からなかった、お付きをやったことないし。プライドのつもりで拒絶したわけではありません。勝先生は周りのスタッフに、「やりにくいだろうけど、それがあいつのいい所なんだ。自分流にやってこの世界にいることだけでもすごいんだ。そこは見てやってほしい」と言ってくれたそうです。後から聞きました。

勝先生はSTVホールで公開放送したラジオの「日高晤郎ショー」にも来てくださった。この時はすごかったですよ。会場のお客さまに深々と頭を下げて、「こいつを男にしてくれたのは皆さんだ」とおっしゃってくれた。常連のお客さまで泣きだす人もいました。「スーパーサンデー」は自分の番組だから、本番前に自らすすんでゲストの楽屋には行かないようにしていた。それは正しいと言ってくださったのは勝先生と益田喜頓さんだけです。

益田さんは一番印象に残っているゲストです。3分であなたを好きになりましたとおっしゃってくれた。一生の宝ですね。あなたは正直だ。この世界では生きづらいだろうけど、これで行きなさいと。うれしいことに、函館に戻られてからも、かなり高齢であったのに、札幌に出た時は連絡をくださって。スタジオで初めて会った後、番組で函館に行った時も「もちろん出ますよ」と言われて、打ち上げで函館のホテルで飲みました。うれしかったですね。何かしみじみと……。それから数年で旅立たれました。

仲代達矢さんも印象的でした。勝先生が黒沢明監督と衝突して主演を降り、仲代さんが代役を務めた映画「影武者」について、「勝先生は師匠なんですが、勝先生で見たかった。お気を悪くしないでください」と正直に話すと、仲代さんは「僕もそう思います」ときっぱりと。

潔かったですね。僕の失礼にも思える話を受け止め、ちゃんと答えてくださった時は、やはり器が違うんだなあと思いました。

　西城秀樹さん、ヒデとロザンナの出門英さん、堀内孝雄さんとも仲が良くなった。後々、僕を入れておっさん仲間４人で何かやろうと話していたんですが、西城さんが病気になると思っていなかったし、英さんは若くして亡くなってしまった。英さんは日高晤郎ショーも好きな人でした。

「日高晤郎ショー」のホール公開で勝新太郎先生(右)と

生放送終了　**お尻ちらり　思わぬ騒動に**

ＳＴＶテレビの「スーパーサンデー」に出演したポール牧さんとはすごい出会いです。これで友達になっちゃいましたから。「兄弟、兄弟」と呼んでくれて。羽田空港で会ったこともあり、「よう、兄弟」と言って「一度家に遊びに来て」と。ポールさんが今度、石倉三郎も一緒に呼んでいいかと声を掛けてくださり、２人で出演してくれた。見せてくれたのは浅草でやっていたコントで、これも驚きました。なかなか思い切った芸で。石倉さんとも仲良くさせていただき、今も年賀状が来ます。それも「明けましておめでとう」がどこにも書いてなくて、「何とか生きています」とあるんです。

ポールさんとは本当に仲良くしていただいた。だから、何で自殺されたのか納得できず、悔しいんです。どう考えても、深悩みする人じゃないと思う。芸の話をもっと聞きたかった。仲のいい交際は2年あったかないかですが、思い出深い方です。

由利徹さんも番組でお会いできてよかった。「花街の母」の曲に合わせて縫い物をするギャグもちゃんとやってくれました。くだくだと言わないでギャグをやってくださったのは由利徹さん、ポール牧さん。そして、ダチョウ倶楽部ですね。

1992年9月に吉幾三さんが出演した時は、番組中に吉さんが酔って騒ぎになった。視聴者の電話が殺到し、今のラジオの批判どころじゃなかった。時間が長かったので飲んでいたのは確かですが、僕は何ら構わないと思いますね。放送局は批判に打たれ弱い。批判されるくらいの方が面白いのに。生放送のトーク番組で批判されないはずがないですよ。だって、生き方がみんな普通じゃない人たちです。破天荒は嫌いではない。

吉さんは待ちきれなかったというのと、多分、僕とのトーク番組で過度の興奮はしていたと思います。その前にラジオの「日高晤郎ショー」で会っていますが、ここへ来たら2時間でへとへとになりますから。ちょっとお尻が見えたくらいで、僕は何でもなかった。僕がどこまで許してくれるのか、吉さんは値踏みをしているわけですから。

お仕置きみたいに次の週は放送が取りやめになった。すると、なぜ休むんだと、視聴者からもっと多くの電話が来たんです。結局、これ以降は生放送をしないことになった。僕は辞めてやろうかと思ったんだけど。1時間前に撮れば問題ないだろう、訂正が効くからと言う。

僕は一回も撮り直させていない。生放送と同様、編集しない完パケでラップを計ってくれと。時間にはめっぽう強いですから。

番組は94年12月、5年3カ月で終わった。すがりつく思いは全くなかったし、生涯続けたいとも思わなかった。でも、多くのゲストと出会い、ものすごく有意義で貴重な機会でした。視聴率も満足のいく数字で、ラジオというバックボーンで胸を張っていたからできたのでないでしょうか。

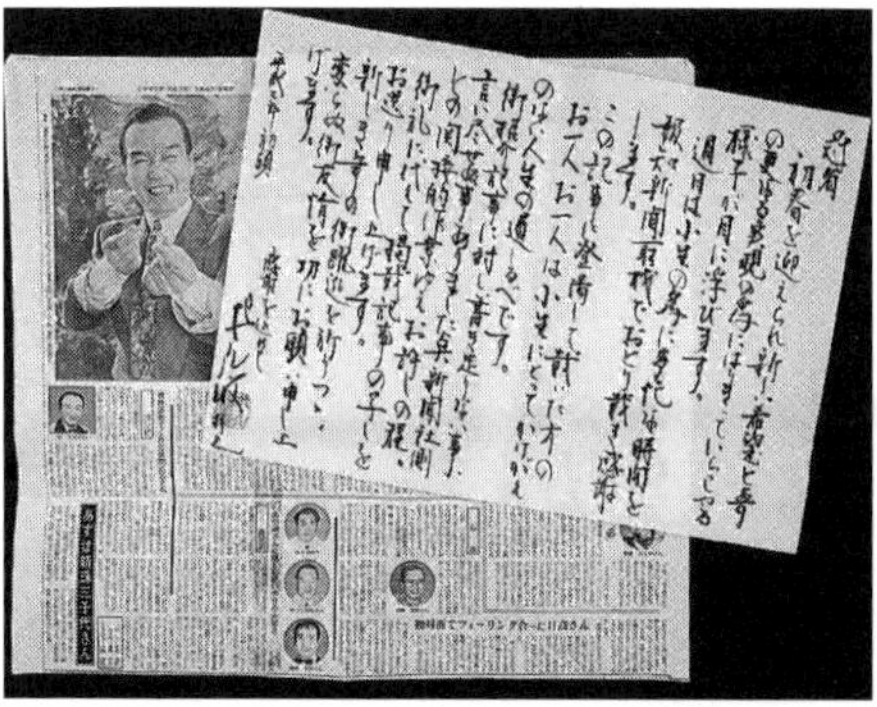

ポール牧さんが「心友」と語ってくれた新聞記事と、
僕がその取材を受けたことへの礼状

節目のお祭り　**特番50時間超　日本記録に**

ラジオの「日高晤郎ショー」は年に3回、スタジオから出てSTVホールを公開して放送している。新春、さっぽろ雪まつり、ゴールデンウイークの時期です。ホール公開は一つのショーとして成立しないといけないんで、ゲストの歌手が3人ほど来て話をしたり、歌を披露してもらっています。8月29日には7年ぶりに札幌を出て、（オホーツク管内）大空町から放送しました。ゲストは五木ひろしさん、こおり健太、菊地まどかの3人。会場の町教育文化会館前の広場には大勢のお客さまが来てくださって、素晴らしい出会いとショーが生まれました。

節目の年などの取り組みでは、芸能生活30周年記念の32時間、チャリティーミュージックソンの30時間、2000年スペシャルの20時間の生放送とか。ただ、克明には覚えていなくて、みんな晤郎ショー絡みです。芸能生活40周年は2000年4月の「話芸七色八面体」。語り、芸談、朗読、歌、司会など全部やったんですね。後に閉館したが、多目的ホール「スピカ」

のオープニング記念でもあった。

しっかり覚えているのは最近やった12年12月の特別番組「50時間56分生放送」で、ＳＴＶラジオの開局50周年記念企画。これもともすれば何のために50時間以上やったんだってことになる。僕の中ではきざに言うと、やり続けていることが一番美しいんで、節目節目はお祭り騒ぎです。50時間でも全体を聴いたら長めの晤郎ショーですね。

この時は色を付けて晤郎の56分を足してくれないかと言って。糸居五郎さんが50時間の番組をやっていて、それを破りたいというのもあった。同じ「ごろう」ですね。日本記録でした。

ホールとスタジオの両方を使い、晤郎ショーの歴代のディレクターが交代でキューを出した。金曜から日曜までの2晩。眠くは一度もならなかった。固形物は取らず、飲むヨーグルトとドリンク。そういうのは割合平気で。やっぱり偉いもんですね。昔、映画俳優の時に鍛えられて。正月映画は2日寝ないなんてザラで、スターも寝ないんですから。若かった当時と違って68歳になっていたけど、楽しかったですよ。打ち上げで自分でオムレツを作って振る舞ってもいたから。異常な元気ですね。

60歳を超えてから、ゴスペル歌手のＮａｔｓｕｋｉ《ナツキ》さんにボイストレーニングを受けています。勉強時間は減ったけれど、それよりもっと大事なのは声がちゃんと出ることです。ものすごく効果があって、「50時間56分」をやった時も、沈みかけた声さえ持ち直しましたから。のどに頼らず、発声を変えたんです。先生を選ぶのは間違っていなかった。良き先生です。

2012年の「50時間56分生放送」

2015年5月の「日高晤郎ショー」のＳＴＶホール公開
ゲストは（左から）オルリコ、杜このみ、竹島宏

「マイウェイ」　ディナーショーは勉強の場

札幌パークホテルでのディナーショーが始まらなければ、こんなに長くこの土地に腰を据えることはなかったかもしれない。１９８６年12月以来、昼と夜の２回やった年もあり、30回を超えました。ディナーショーは夢なんです。お客さまに申しあげているんですが、「ショーは僕の遺言だから」と。何をやった人というより、「楽しいラジオとショーの人だったね。語りもうまかった」と言われたい。

もともとは僕が主催者で大枚のお金を払っていたわけです。そのころはお客が入ってもほとんど赤字で。事務所を維持できないし、僕が一遍やめましょうと言ったのは負担が多すぎたんですね。マネジャーの茅野義隆はよく耐えてくれたと思います。僕の勉強代だからと。ものすごく大事な勉強の場でした。その後、主催がパークホテルになった。その意味では営業的にプラスになるショーなんですね。

しゃべりと歌は半々くらい。しゃべる内容は８割ほどは練りますが、使うのは２割もない。

ラジオと同様、すごく準備をかけて、それを使わずに面白いことができた時にしめたと思う。勉強して覚えたものは僕のものだから、10年後にも使える。周りの子供たちにもたくさん勉強しろと言います。勉強して損することはまずないから。ところが、みんな付け焼き刃で明日使う刃物を今日磨いている。刃こぼれした時にどうしていいか分からない。だから、できるだけ勉強して、できるだけ使わないのがいい。とっさに出るジョークが一番面白い。ショーもラジオの雰囲気を丸ごとですね。

歌うのは6割は米国、4割は日本の曲。中島みゆきやイルカからのフォークもあれば、50年代の終わりから60年代のポップス、ロック。映画音楽に、多いのはスタンダードですね。必ず入れるのがフランク・シナトラの曲です。エンディングで歌う「マイウェイ」はここ5年くらいのこと。このシナトラの究極の曲は簡単には歌えませんから。

昨年はやりたいことができた。ふらっと出てきて、しゃべって、なおかつおしゃれという準備をして次何だっけみたいな顔でしゃべるのは粋じゃない。初めて、スタンドマイクでほとんどを歌った。大きく、両手を離して。それが夢だった。ハンドマイクと違って確かな声量がないとできない。スタンドマイクで「マイウェイ」を歌ってエンディングにしたかった。

シナトラのあのスタイルが大好きで。余計なステップを踏まず、黒のタキシードで。

今年のディナーショーは12月6日で、これで終止符を打つと思います。集大成で総集編ですね。今年2月に僕の司会進行、構成、演出で歌人《うたびと》6人が歌った「明日への贈り物」を行い、来年2月に第2弾をやる予定です。これを定期にやるならば、体力的にも精神的にもディナーショーまで頭が行かないと思う。それだけの精力は注げるわけです。ちょうどいいんじゃないでしょうか。四半世紀以上はやったので。

2014年12月のディナーショーで歌う僕

構成も演出も　歌人を育てるしゃべり手

今年2月に札幌で行った「日高晤郎ショー」の特別公演「明日への贈り物Part1」は僕が司会進行、構成、演出を行い、クミコ、市川由紀乃、山内惠介、松原健之、藤澤ノリマサ、こおり健太という6人の歌人《うたびと》たちが集いました。昼夜2回のステージを通して強い絆をあらためて結べたと実感しています。構成、演出は絶対の夢でした。

企画した大きな理由はラジオがするべき恩返しです。同時に、この歌人たちは良き司会者と演出家の後押しが必要だと思った。もちろん、力のある人たちだからそれぞれ伸びていくんでしょうけど、背中を押したい。僕が市川雷蔵先生や勝新太郎先生に生かしてもらったように。やはり、うまいしゃべり手がいて、いい歌人が歌えるんです。この人たちのためだったら、とことんうまいしゃべり手になれる。それがラジオという、見えないけど、人が和みや力にしてきた一番の恩返しだと思う。流れるごとく舞台が変わっていくのが夢で。そうすると言葉が気持ちよく歌になって、歌が言葉になる。ちょっと切ない歌が際立って詞が良くなって、司会する側がかえって歌っているように。これがやりたいんですね。

昨今の司会者は曲出しが下手すぎる。周りには、曲出しのうまいしゃべり手を目指しなさいと言っています。時間つぶしのように曲をかけたり、紹介したりしている。曲と互角に戦えるしゃべりを鍛えないと。

スピンオフとして1人の歌人でもやりたい。例えば、市川由紀乃のショーで。しゃべるのは1カ所か2カ所でいいんですよ。インタビューなんかはなし。最高の言葉で歌わせたい。天童よしみや島津亜矢、最後はそこです。そこまでたどり着きたい。究極はいっぱいあります。例えば、五木ひろしさんの歌で僕が語る。真っ向勝負で。どんなに頑張ってもしゃべりは僕にはかなわない、僕がどんなに頑張ってもあなた方の歌には届かない。届かない者同士が足して二百のものを見せることに意欲が湧かないでしょうか、ですよ。

来年2月に「Ｐａｒｔ２」をやる予定です。その後も絶対に続けたい。最高のいざない人と最高の歌人が最高の聴き人たちに、いいステージを提供する。これはやりがいがあります。

今願っているのは「日高晤郎ショー」で午後4時台にやっている「昭和の流行歌《はやりうた》」をスピンオフさせて別番組でやりたい。コンパクトな1、2時間で。「明日への贈り物」のラジオ版です。最高の曲の出し方ができる最高のしゃべり手と歌人ががっぷり四つで。1人でしゃべっても十分ですが、ゲストで来てもらうのもありです。良き歌、良き歌人でラジオをやりたいなあ。今だといいんじゃないですかね、味が。70代に入ったから言えることってあると思う。ラジオ話芸を究めるため、もう1本良質な番組、録音して繰り返し聴いてもらえるような名作を作りたい。

2015年2月の「明日への贈り物Part1」で6人の歌人たちと

後進を育てる　**日高塾でラジオに恩返し**

「日高塾」はラジオの今後を考え、しゃべりの担い手を育てようと２００７年に始めた。勉強したい人を集めた無料の私塾です。僕自身も育ちたいんですね。教えるとは二度学ぶことだという格言がある通り、誰かに教えていると責任感が強くなって、さらに学ぶことができる。

師匠の市川雷蔵先生は劇団「テアトロ鏑矢《かぶらや》」を設立してプロデューサーとして活動を始めようとしましたが、病に倒れてできなかった。雷蔵先生がなさろうとしたように、１人でも２人でもラジオのいい後進を育てたい。僕の人生の半分はＳＴＶラジオですから、どんな嫌なことがあっても、どんな嫌な人物がいたとしても、ここを嫌いになることはできない。小器用にしゃべれる人だったら他に任せておけばいい。ラジオの成り立ちまで分かって、物が売れて営業もできて、番組も面白くて、しかも数字を取れるという人間が必要。その志を持たずにしゃべっているなら無駄ですよ。

月1回で、教えるのは読むとしゃべるが基本。読む方を大事にし、朗読をメーンに勉強している。まず僕をまねてと言っていて、スタジオで録音もしているのは時間を意識してもらうため。僕が作った台本、滑舌や発声のための「外郎売《ういろううり》」という口上などもあるが、現在の教材は森鷗外の「高瀬舟」。一つの教材とがっぷり四つで取り組む人が間違いなくうまくなる。「高瀬舟」は全部書き込んである。句点も読点も力点も。これらをきっちりできない人は基本的に自分では駄目だと気付いていないいんですね。現在の塾生は約20人。塾の出身者からラジオのしゃべり手も生まれています。

ラジオを目指し、うまくなろうとする人が少ないんじゃないでしょうか。ラジオ話芸で飯が食えるとも思っていないのでは。でも、例えば歌手の山内惠介はSTVラジオで番組を長くやっているから、しゃべりが上手になったと思う。見えない客を相手にしゃべるから。しゃべりは丁寧でないと駄目なんです。丁寧語を使うという意味だけでなく、周りに配する言葉も緻密でないといけない。テレビは映しちゃったら終わりですから。ラジオは勉強になるはずです。

ラジオで何とか形をつくる人はきちっとまじめで頭がいいと思う。僕がと言うんじゃなく、ラジオは相当長く腰を据えないといけないから。駄目なのは覚悟のないしゃべり手だと思う。もっと言うと、同じ内容でもラジオは誰がしゃべっているかが大事。ＳＴＶラジオに番組を持つお笑いコンビ「しろっぷ」にも言っているんだけど、互いに名前を呼び合いなさいと。トーンが同じだから、どちらがしゃべっているか分からない。お客さまに見えなきゃいけない。

絶対にラジオ話芸があると思う。それを突き詰めたい。究めるならそこでしょう。やっている本人にその覚悟がないと駄目です。

日高塾で教える僕と塾生たち

ラジオが一番　晤郎ショーは人生そのもの

「日高晤郎ショー」は33年目に入りました。続けることは守りのつもりでは全くない。攻撃的に続けたい。もっと明確にメリハリを付けてやりたいと思っている。おかしいことには、おかしいと言いたい。言ってどうなるもんだとは思っていないが、それが仕事ですから。芸人の芸の字は草の下で物を云《い》うと書きます。そういう芸人でいたい。あくまで面白がって言って、誰かの耳に社会的意見としてこれもありだなと届けばいい。

自分で決めているのは、この滑舌が駄目になったら、周りからかばわれて歩くようになったら、もちろんやめます。人目があって、それを見られて「晤郎さんも年だね」と言われたらやめます。それから、本を読む数、ＤＶＤを見る数が極端に減ったら、もう駄目ですね。今は、80歳、90歳になったってやるつもり。もはや晤郎ショーは僕の人生とほとんど同じですから。

ラジオという一番いいものに出会えた。幸運だけでなく、志を持ってやりたいことが明確だったからだと思う。すごくスケールの大きいメディアで、何もない所から人の心のスクリーンに映し出す。ラジオで生きてきて良かったし、死ぬ間際だって、しまった、もうちょっと俳優とかで売れていたらなんて思わないと思う。後悔は全くない。

僕は番組で勝ち続けることに対しては強固たる信念があるけど、それ以外は将来どうなるのかなあなどと考えないですね。考えたところでなるようにしかならないですから。願いはいずれかなうと言うけど、かなうように努力するわけですから。

一つのことにばかに熱心な芸人でいたい。一本でやりきっている人は、外から見たらばかに見えるのでは。それでいいと思う。昔から、ばかになりたいと思っていましたもの。芸人では一流になれないけど、面白がるのは一流でいられると思う。だから今、語りだけ一流を目指している。それよりも、こんなに人生を何でもかんでも楽しむ人ってのも珍しかったなあと語られたら、ちょっと名誉ですね。

ラジオに恩返しができればと思って、特別公演「明日への贈り物」が実現し、「日高塾」も続けている。欲心でやっていることじゃない。一緒にやりましょうと言ってくれる人もいて、十分に元は取れている。幸せなラジオ人生だと思う。大事なのはしゃべる僕が幸せであること。幸せなやつがしゃべらないと、聴く方も幸せになりません。

僕は本当についている。節目節目に分かってくれる人に会うもんだから、すごく恵まれている。ひょっとしたらこれは天性で、30歳を超えてから甘えようと腹をくくったんですね。そんなに嫌われないなと。北海道に通うようになって40年近く。71歳の自覚がないけれど、僕はこの土地で生かされました。晤郎ショーの放送は非日常の土曜日。「ラジオっていいや、日高さんだ」みたいな会話があるのが夢です。

＝おわり＝

「日高晤郎ショー」を支えるスタッフたちと打ち合わせで

1992.3.6

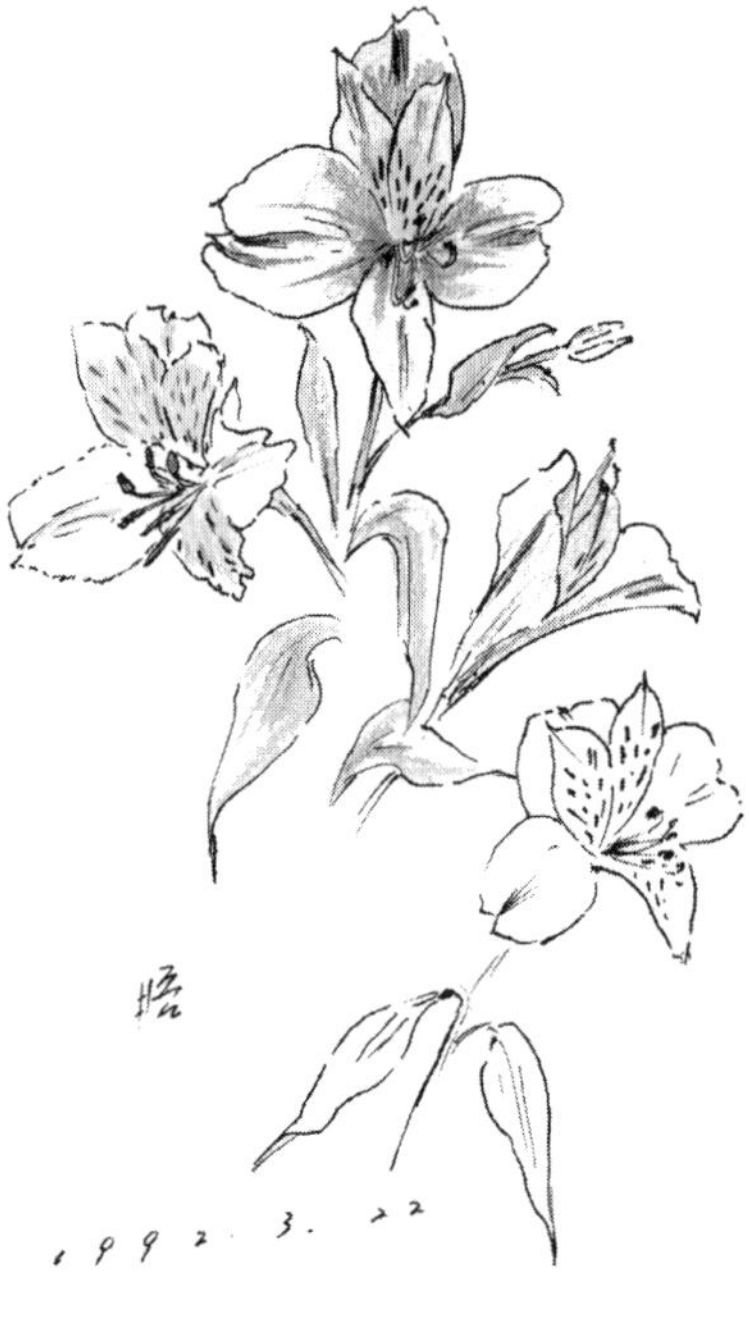
1992.3.22

日高晤郎さん（本名・細谷新吾）は「日高晤郎ショー」などの仕事で、毎週のように東京都杉並区荻窪の自宅と札幌を行き来していた。水曜か木曜に札幌に入り、日曜か月曜に東京に戻るパターン。「晤郎ショー」以外の仕事などがある場合は、東京に帰れない週もあった。日高さんは東京に住む家族について、放送ではもちろん、周囲にもほとんど話さなかったが、妻の細谷浩子さんが日高さんとの出会いと生活、思い出などについて語ってくれた。2018年5月の「お別れの会」や翌19年4月の一周忌の集いに出席したほか、日高さんが「勉強部屋」として使っていた札幌のマンションの部屋の整理などのため、時折、北海道を訪れているという。

日高さんの一周忌の集い　(2019年４月14日)

細谷浩子《ほそたにひろこ》さん

私は東京生まれの東京っ子。今、杉並区の荻窪に住んでいます。この家は父母の代からの一軒家。ボロボロで古いですね。ここで日高と住んでいました。

会社の常務まで務めた父がいろんな店で食事する中、たまたま赤坂のクラブが大好きで、そこに日高が弾き語りで来ていて、父がそのファンになっちゃった。いいなあ、いいなあって。そのうちに、すごくいいから皆で行こうと誘われ、母と私と3人で行きました。日高は絶対話をそらさないし、ものすごく客あしらいは上手だし。母も喜び、すごく気に入って、「あんたは素晴らしい。うちの子になりなさい」とひと声。「えーっ、何それ」って私が驚くと、「この子と一緒になりなさい」と畳みかけるように言うんです。

結婚は昭和47年3月21日。1月にお店に行って、2カ月ちょっとで結婚させられちゃったんです、母と父とに。私はしょうがないから結婚して、新宿区四谷にあった日高の部屋へ家財道具を入れて転がり込むという感じになった。部屋で向かい合って座り、「僕たちは夫婦になるよ」「夫婦になろうね」と。「あー、そうね」と思ったの。だから、夫婦になるんでしょうと思うもの。だけど、日高のことは何も知らないから、彼の歴史について順番に話を聞かなきゃいけない。

弾き語りをする店が終わるのが午前2時過ぎで、それから帰宅して一緒に食事をして。それまで私は夕飯を食べないで待っている。夕飯を終えてから、ベランダに2人で座って、ずっと順番に聞いて。だって、経歴も知らないし。一切知らない。結婚してから、どういう家系で……と。俳優だとまでは知っていた。俳優さんでこっちに来て、アルバイトで弾き語りをやっているわけでしょ。アルバイトで生計を立てていた。それから、だんだん、いろんな資料が集まってきて。写真も見せてもらうし。ベランダでいろいろ話を聞きながら、「なるほどね」なんて。普通の人の結婚と全然違うの。恋愛してどうのこうのじゃない。恋愛はなしで。彼のお父さんやお母さんがどんな人かも何も知らない。それから、だんだん、俳優の時代の話。大映の人のいろんな話を聞いたり。ここから面白いんですよ。そこからずっと面白くて、面白くて。それを聞いてから寝るもんだから、明け方になる。

3時くらいから聞き出して、5時くらいになると、もうだめ。眠くて、そこからお昼頃まで寝て。アルバイトは夜だから。それが毎日。終わらないんです。しゃべることがいっぱいある。あの人のことだから、こちらは聞きっぱなし。私のことは父母から聞いているから、向こうは大体のことは知っている。

お友達や親戚を呼んで、結婚式も教会で挙げました。そのままの衣装で帰り、四谷の近くにあった店を借り切って食事をしながらお祝いをした。

そのうち、両親から「あなたたち、うちへいらっしゃい」と言われ、私たち夫婦は今の荻窪の家に転がり込んで、父母と一緒に住むようになった。父母は日高が好きで好きで、本当に息子になっちゃったわけ。私と一緒にさせて引きずり込んだわけだから。

主人の部屋は本だらけ。本とお酒。洋酒がいっぱいで、もらい物が多く、置く場所がないほど。でも、本人はそんなに飲めない。ビールは飲んで、ワインも少し飲むけど、そんなにたくさんは飲めない。飲んだら私の方が強い。だから、外に食事に行って飲むでしょ。「えー、まだ飲むの」と主人に言われちゃうんです。「今、ちょうどおいしくなってきたとこよ」なんて言って。特にウナギなんか大好きなもんだから、「かば焼きを食べに行く?」と聞いたら、「行こうか」と言って。でも、「忙しいから僕はあまり飲まないよ。あと書かないといけないから」と。「うーん、私が飲むから大丈夫」と言って、「すいませーん、これも一つ」。「えー、まだ飲むの」と言われちゃう。

私は酒が強いんです。母の家系は皆、酒が強い。母も「あんた、うちの子になりなさい」と言ったのも、お酒が十分入っていたから、そういう勢いがあったのかもしれません。

私と主人は夫婦じゃなくて兄妹みたいな感じ。最後まで兄妹みたいなの。結婚してもすれ違いで、主人は札幌に来なきゃいけない。私は主人のために事務員になっちゃっていて、確定申告もすごく大変です。水曜か木曜に札幌に行って、日曜か月曜に東京に戻ってくる。帰れない時もいっぱいあったから、電話でやりとりして。週の半分は離れていて。だから、夫婦じゃなくて兄妹なの。兄妹で事務員。

東京には食事に帰るだけ。その代わり、食べることが大好きだったから。「何、食べたい」って。食べたいってものは全部を。父が食べることが大好きで、有名な店は結構たくさん連れて行ってくれていた。だから、私は味を舌が覚えていて、私が作る味付けは気に入ってくれた。だから、食い気に引っ張られて帰ってきていたんです。私の料理の味付けが大好きだったわけ。太るから、1日2食にしていました。朝昼で一食と夕食。すごく体形、体重のことは気にしていた。うちに帰るとバーベルを上げたり。ベンチプレスもあって、最初はやっていた。後半は仕事が忙しくなって、通いも大変になってきたから、小さいものでやっていた。重い物をリュックサックに入れて担いで、足の周りにも付けて歩いたり。そんな格好で外を歩くことだけはやめてくださいねと。「あなた、何をしているの。それは」と言いました。

東京の自宅では、「晤郎ショー」の番組の話をしてくれて、食事をしながら話を聞いてあげるのが私の仕事のような感じでした。いろいろと。本当にそういうことがあったのかどうか分からないじゃないですか。「そう、そう」と言いながら聞きます。（マネジャーの茅野義隆さんによると、日高さんは羽田空港に着いてから荻窪の家に帰るまでの間、「何を話したらいいか、考えながら帰った」とよく言っていたという）

40年余り前、主人が札幌で仕事をするようになって、1回だけ札幌に行ったことがあります。さっぽろ雪まつりのことを何も知らないから、「行きたい、行きたい」と言うと、「しょうがねえなあ」と。まだラジオの番組も始まっていない頃です。番組を持っていないから体が暇だったのか、一遍付いてきた。だけど、「雪まつりを見ましょう」と誘っても、「こんな寒い所で歩くもんじゃない」と言って、喫茶店で待っていた。私は真駒内会場で滑り台を滑ったり、面白かったですよ。それ以来、主人が今回入院するまで来たことがなかった。事務員として忙しくて。それからは、北海道で仕事をするようになったから大変でしたよ。

主人から電話が掛かってくるし。取り次がなきゃならないし。いつも話をするんだけど、主人の記憶力がすごくいいから。帰ってくると、ともかく台本作りで1日空けるんですよ。朝の8時から夕方6時まで。本をすごく大事にしていて、参考資料が欲しいから、隅から隅まで読んで。小説でも上下2段のこんな分厚い物でも、1週間のうちに10冊も読むんですから。番組の中で本を紹介するコーナーがあるから。新刊が出ると、本がどんどん送られてくる。それを全部読んだ上で、紹介していかないといけない。今週はこれが一番いいとランク付けのようにして、向こうでもこっちでも台本を書くでしょ。その時に参考資料が欲しいけど、「あれ、何だっけなあ。あの人の何ていうんだったかなあ」と思い出せないことが時々ある。それで電話が掛かってきて、「本棚の上から3番目の端から何冊目にこういう本があるけど、あるかどうか見てくれる?」と。「あるわよ」と答えると、「じゃ、その本の何ページ目かくらいに、こういうタイトルのあれがない?」と。「あるある」と答えると、「じゃ、そこを読んでくれる?」と。そういうのも事務員の仕事。年中、そういう問い合わせが来る。結構、忙しい。

陰で支えていると言っても、それほどのことではないのよ。東京の自宅に着くと、すぐその日から、暑い日はパンツ1枚で机に向かって台本作り。台本を作りながら、本も読まないといけない。東京に戻ってきた時は勉強ばっかり。気分転換する時はバーベルを上げたり、いろんなことをやって。新聞は隈なくチェックしているから、「これは面白いんじゃないか」と切り抜きを頼まれ、出かける時に渡す。乗り物の中でチェックするんじゃないですか。

例えば、主人が床屋に行かないといけないと予約すると、私が買い物から帰ってきて、声を掛けて手を振っても分からない。考え事で、よそのことは目に入らない。ただひたすら、床屋さんに行くなら、いろんなことを考えながら歩いている。知っている人が通って「日高さん」と声を掛けても、全然ですよ。それくらい集中しているんですね。集中力はすごい。常に考えている。メモは年中持って歩いている。思いつく言葉とか、こういうセンテンスが浮かんだら、すぐメモをする。ふっと開けた本の中で、思いついたことはメモをしておく。

例えば、スポンサー関係の人がお店に連れて行ってくださるようですが、ホステスさんが敬遠する。あの人は私たちのことを馬鹿にしているような目で見ている、接客を見ているみたいだと。きっと、僕が話した方が面白いでしょという気持ちでいますよ。

あんな人、いないですよ。だから、みんな忘れたい。ＳＴＶの考え方も分かります。だって、あんな人、出てこないですもの。どんな所を探しても発掘できない。

子供の頃も知能指数が高かったから、学校の先生からこの知能指数を無駄にしないようにと言われたらしい。そういう才能を自分でまた、ものすごく高めた人なのよね、努力して。だから、すごいです。普通の人はそういう才能があっても、しないですよ。それをあそこまで、自分の努力で高めたところがすごいんです。尊敬しますよ。そんな人、知らないもの。いなくなった後は本当に気が抜けちゃって。芸談でもプロデューサーであり、構成、企画、演出全ての総合力でできるのがすごいですね。

年中、雪が降りそう、台風が来そうと天気のチェックがすごくて。飛行機が飛べなかったら番組が駄目になるでしょ。他の人に迷惑はかけられない。番組を一つまとめて構成してあるから、本人がいないとできないんですもの。ある時は、帰ってきたら、「明日発つぞ」と言うんです。「あっ、そうですか」と言うしかない。それで慌てて。

結婚してからも面白い人生でしたね。やっぱり、すれ違いが多いけど、主人とのコンタクトは多いですから。電話やメール。帰ってきてからも、いっぱい話を聞きます。

私もなかなか忙しい。亡くなる前は三味線を教えていました。次から次へと大きな発表会があり、その賛助出演をしたり自分たちでも会を運営したり。会が幾つもあるので、何曲も弾かないといけない。そういうことが大変で。今は三味線だけでいっぱいですね。

最期の時は、親しい方々が集まってくださり、「頑張れ」と言うと、またうーっと吹き返すんですよ。それが10回以上です。心電図と呼吸の機械があって、「しっかり、頑張れ」と皆さんが言うと、ふうーって息があったり、心臓が動きだしたり。何度も繰り返して、もう本当に頑張りましたよ、主人は。最後の最後まで。

日高晤郎を支えていただいて、本当にありがとうございました。本当にお世話になりました。聴いてくださった方々がいらしたから、「晤郎ショー」の番組も35年続きました。感謝以外にないです。

日高晤郎さんが北海道に来た頃から、長く深く日高さんを支えてきた人たちがいる。番組での出会いを機に交友を深めた人も多い。こうした絆の強い人たちの中から、５組の方々に熱い思いを語ってもらった。

「クリスマスを晤郎さんとすごそう」で顔をそろえた
（右から）縣昌宏さん、平野薫さん、茅野義隆さん、岩本芳修さん
（2017年12月24日、札幌パークホテル）

北海道で最初に友人となった「桃源郷」元料理長　平野薫《ひらのかおる》さん（73）

日高さんとの出会いは40年以上前。ラジオに出る前のことです。日高さんの先輩で小林勝彦さんという俳優がいて、その紹介で、札幌パークホテル内の中国料理「桃源郷」で調理人をしていた俺を訪ねて来た。勝彦さんは俺の妹の知り合いで、妹の結婚式で司会進行をしてくれた仲。彼の顔も立てなきゃいけないから、店で待っていた。訪ねて来た人がいるというので行ったら、テーブルに付いて片手で本を持った男がいる。姿勢はいいんですよ、ピッとして。髪が真っ黒で、少し長髪だった。眼鏡は掛けていない。そりゃ、いい男でしたよ。それが日高さんです。当時から本が好きだったようで、陰から見たら、何かインテリ臭いなあ、気障《きざ》な奴だなあと思った。俺はそういうのが一番苦手だから。

ところが、入っていって「平野です。ようこそ」とポッとしゃべってあいさつしたら、もうそこから完全に打ち解けて、波長が合ったというか。最初から変なことばかり言っているから。俺も突っ込みを入れるからね。最初から何というかな、すっと入ってくるというのかなあ、そんな感じ。俺も構えてしゃべらないから。それが晤郎にとっちゃ幸いだったのかなあ。面白おかしく、下ネタも多い。どこまで本当なのか嘘なのか、境目が分からない。とにかく、聞いていると、なるほどなと思う。政治経済から始まって、芸能関係やいろんな話をした。俺もどちらかというと芸能関係の付き合いが多いですから。

その時、日高さんはギター1本を持って琴似のキャバレーに来たが、勝彦さんに紹介されて北海道で最初に会ったのが俺。琴似のキャバレーには「桃源郷」の部下を連れて行った。サクラでね。弾き語りをしていて、晤郎ちゃんには悪いけど、無名でしたよ。ほとんど無名。ただ、僕らが知っている彼は、当時、テレビドラマの「特別機動捜査隊」があり、刑事役で出ていた。くさい芝居をしていた。このドラマに出ていたけれど、札幌に来た時は誰も知らない。歌も大して……。しゃべりはうまい。これはすごい。歌の合間に語りを入れて、あれは素晴らしい。声もいい。キャバレーですから、まともな話はね。話半分です。下ネタも得意中の得意だから。人はいじるし。

俺なんかはびっちりいじられていたから。「桃源郷」に来た時も、ラジオをやるようになってからもそう。ラジオの番組でネタ切れになると、ネタのつなぎに「パークホテルの平野はいないね。どこに行ったと思ったら、鍋の蓋を開けたら鍋から出てきた、テーブルの下から出てきた」とか。要するに俺が小っちゃい（背が低い）ということを言いたかったらしい。毎週のように、平野、パークといったら平野、平野といったら桃源郷などとめちゃくちゃでした。

俺と付き合うようになってから、何回か札幌に来るようになった。そのうち、STVラジオディレクターの岩本芳修さんと出会い、ラジオの番組をやるようになった。「桃源郷」に来たら、小盆って3、4名分の料理があるが、それを3皿必ず出した。毎回、1人で食べる。その時、コック服を着て、隣で俺がずっと付いていた。何だかんだって、ベラベラ1人でしゃべるから、俺は相槌を打つくらいで。「平野もしゃべれー」って言うけど、「しゃべる暇があるか、この」とよく喧嘩していた。食べながらしゃべるのはすごい。真似はできない。何でも食べる。ゲテモノ食いの晤郎って言っていた。

日高さんは年齢が2つ上。彼は本当に義理堅いというか、「平野さん」と言った。俺に会うたびに「平野さんだけは呼び捨てで、晤郎でいいから」と。何か調子が悪いけど、「晤郎」と言うようになった。他に人がいる時は「日高さん」とか言う。2人の時の会話はめちゃくちゃです。人に聞かせられないような話。料理を食べたら、必ずパーククラブ（地下1階の会員制クラブ）に行った。

「桃源郷」には最初は2、3週間に1回。ラジオ番組が定期的に始まるようになってからも、終わった後に来た。週1回の時もあった。毎回、違う料理を出すから、「もう食べさせるメニューないぞ」と言って。俺が料理長をしていた時、全品を食べている。メニューにある物のほか、アレンジした物、俺たちがいつも食べている物、いろんな物を。それが結局、彼の口で放送の時に端々でしゃべるものだから、「桃源郷」に関してはすごく力になってもらった。お金は取っていない。晤郎も言っていた。「ただで食べさせてもらうけど、必ず他でお返しするから」と。それは最終的にディナーショーにつながった。何百倍、何千倍って返してもらった。

パーククラブに小さいステージとピアノがあって、そこで飲んでいるうちに、「こういう所で歌いたいなあ」と口癖のように言っていた。1年か2年くらい、同じことを言っていたのかなあ。そのうち、「おくさま広場」とかで名前が売れてきた頃、「平野さん、ディナーショーをやりたいなあ」と言い出した。ディナーショーとなったらパークホールなどの宴会場を使うから、俺をかわいがってくれていた小山内信一《おさないしんいち》総支配人に話をするよと言った。小山内さんは「芸能人は嫌いだけど、薫ちゃんの知り合いだったらしょうがないな」と晤郎に会ってくれた。ものすごく気に入ってくれて、「何人来るかな」って話しながら、1回目にこぎ着けた。いざ蓋を開けたら、ものすごい人だった。満杯でした。

「桃源郷」で名前を前面に出した「平野薫フェア」というのをやったことがある。ランチ、ディナーで特別メニューを出し、ものすごい人だった。晤郎はフェアが始まる前に招待した。こういう料理で出すからなと。4週くらいでしたか、「晤郎ショー」の中でも流してくれた。その時、晤郎は俺の人脈を見たんですね。それで行けると踏んだのかは分からないが、料理人とプロの話し家のディナーショーをやろうと言い出した。俺はずっと断っていたが、当時の総支配人からも「やろう」と言われ、断り切れなくなって。パークホールで500人くらい集まったでしょうか。タイトルは「日高晤郎&平野薫の満感全席」。2003年のことです。俺の組んだメニューを食べていただく。ステージに上げられ、晤郎がしゃべり、突っ込みを入れながら、俺は鍋を振ってチャーハンを作った。あとは裏にある大きな調理場で指示したり自分で鍋を振ったり。それをカメラで撮って、会場の大きいスクリーンに流す。調理場とステージからの掛け合いもした。こういうのを晤郎は好きで、やりたかったのでしょうね。トークも面白く、最初から最後まで皆笑っていた。最後に彼が「街の灯り」など2曲を歌い、2人はステージ上ですごい数の花束をもらった。

「日高晤郎ショー」でファンも増え、スポンサーも増えたから、毎回は俺の所には来なくなり、会う機会は減ったが、交流はずっと続いた。ディナーショーの打ち合わせに来た時は、必ず呼ばれた。要するに、総支配人や営業担当も、俺が入ると場つなぎになり、それである程度話がまとまる。晤郎はきついですから。ものすごく厳しい。それが嫌で俺を呼んだのかな。クッション役です。飲んでいて、意見が違って言い合いもした。だけど、皆から見たら、でこぼこコンビで仲は良かったね。背は頭1個分くらい違う。

何たって声の質がすごい。しゃべりは次から次に出てくるし、いろんなキャスターとかいるけど、晤郎はその上を行く。間の取り方、しゃべり方など最高だと思っている。

絶対勉強家です。ああいう風に言われると、返す言葉がない。違うかなと思っていても、それを打ち消すだけのものがない。好き放題言うから。こちらは相槌を打つしかない。感心するのは、あれだけしゃべっても、打ち上げをして自分で料理を作って出したりもする。

ラジオだけを聴いていると、「何だ、あいつ、生意気な」となる。アシスタントをガンガン、これでもかと思うくらいやり込めるんですから。言う時は誰が居ようが怒る。というか教育なんだろうね。そこまで言うか、というくらいやるから。彼なりのやり方です。だけど、1度本人に会って話すと、そこから晤郎ファンになる。頭の切れが人並み外れているから、ああ言えばこう、こう言えばああと、ポンポン出てくる。だから、ラジオ向きなんですね。間を空けない。いよいよヤバいと思ったら、俺のことをバカだアホだと言う。全然気を使わない。「桃源郷に、あの変なヤクザみたいな男がいるでしょ」「焼けただれた人工芝みたいな頭」などとよく言われた。

晤郎の声は好きだったなあ。バカさ加減も好きだったけど。俺にちょうど波長が合ったのかな。彼もそうだと思うよ。俺をいじりたいだけいじって死んでいったからね。彼にいじられて嫌な思いをしたことは1回もない。一方で、立てる時は「平野さん」とやる。憎めない。

最初に会っているから、一番付き合いは長いですね。俺のことは後半、ずっとラジオで「あの、くそったれ親父」「くそ親父」と言っていた。最期の時も5日間くらい病室に詰めていたけど、「ちゃんと手を握れ」と言うんです。針も刺しているから、柔らかく握ったら、「何だ、この親父、がっちり握れ」「男らしくぎゅっと5時間握ってれ」とか。それが俺に対する最後の言葉。大きな声でした。人間は亡くなる少し前に、治ったかなと思うくらい、すごく元気になるから。親を看ていたから分かる。

病気に縁のない男だと思っていた。生前の2、3年、2人でよく言っていたのは「平野さんが死んだら俺が骨を拾ってやるから」「馬鹿野郎、逆だべ。俺が拾ってやる」。そうしたら、本当になっちゃった。こうなるとは思わなかった。俺も近いのかなという感じになる。彼と同じような人はもう出ない。俺は巡り合わせで、本当にいい人に出会えました。

平野薫さん

「日高晤郎＆平野薫の満感全席」のステージ上で調理する平野さんと、突っ込みを入れる日高さん

日高さんを見いだしたSTVラジオ元ディレクター　岩本芳修《いわもとほうしゅう》さん（78）

僕がSTVでラジオの番組を始めた頃、「奥様おしゃべりジャーナル」の担当になった。パーソナリティーがいて、主婦を3人呼んで井戸端会議をする。例えば漬物などのテーマを決めて、平日の毎日、そのテーマが得意な人を呼ぶから大変。電話をつないだ時は技術から叱られた。音の悪い物を放送で使ったら駄目だと。その頃は電話が使えなかったんです。時代が変わって、パーソナリティー1人で電話をつなげて番組ができるようになった。これが今の形。それでスタジオに奥さんたちがいなくなってしまったけど、困った時に漬物の話で電話して、ある人とはつながっていた。その漬物おばさんの妹さんが、札幌の琴似のキャバレーのオーナーの奥さんだった。

ある時、アイ・ジョージさんがそのキャバレーのゲストに来るというので、オーナーから「番組にもどうだい」と言われた。全然問題はなく、生放送で来てくださいと答えた。ところが、2週間くらい前になって来られなくなり、オーナーは穴を開けたと思って気にしていたんだと思う。しばらくたってから、実はとても面白い奴がいてゲストに来るので会ってくれないかと言って、STV内に当時あった喫茶店に連れてきた。そこで紹介されたのが日高晤郎さんです。きっと番組に穴を開けて気にしていたのと、こんな面白い奴がいるよというのと両方があったと思う。

話を聞いたら、初めから、すごく面白いんです。バンバン来るわけです。ジョークも何もみんなね。合いの手を打つ間もなく、どんどんしゃべる。とにかく、いろんな話をしてくれる。店でいろんなことをするから見てくれというので、キャバレーにも行った。

日高さんらとススキノで飲んだ時も、面白いんですね。東京でどんなことをしていたかを聞いたりして。銀座のクラブでは弾き語りをしながら歌っていたが、ちょうど夕刊が来るので夕刊を置いてしゃべる。お客はその夕刊をネタにしてしゃべるのが面白いと言って聴きに来たという。

キャバレーの従業員の慰労会でそれをやってくれた。呼ばれて、STVの何人かで見に行った。紗幕を下ろして、日高さんはその向こうにギターを持って隠れ、ずっと弾きながらしゃべっている。彼は絵描きでデビューしようと思ったくらい絵もうまいから、「一本刀土俵入り」の書き割りも作った。全部陰でしゃべり、役者は従業員で、出てきて書き割りの穴から顔を出し、手を出し、しゃべらない。日高さんがそれに合うせりふを付け、芸人がどんなにすごいかというものを見せてくれた。絵も描けば、しゃべりもうまい。歌も歌う。何でもやる。全てを見せてくれたようなもの。これでもかというくらい面白かった。

この後、ススキノに飲みに行った時、番組をやりませんかという話になった。ラジオをやりたいと思っていたという話を聞いていたから。日高さんは「ありがとう。ただ、大体そういう話は全部、始まる前になくなるんだよ。今までも、レコードを出しませんかと言われたことが何回かあったけれど、『あれはね』と言って消えてしまったからね」と言うんです。だから、番組を作るなんて、ほとんど期待していなかったみたいでした。

が、日高さんの番組は1978年4月にすぐ始まった。タイミングが良かったんです。僕の担当していた番組で、月~金曜の「奥様おしゃべりジャーナル」は離れたが、土曜の「おくさま広場」は残っていた。どんなパーソナリティーでも、あんなにしゃべる人はいないですから、すぐ番組を作りたくなりますよ。ラジオ芸人ですね。幾らでもしゃべる。ネタは新聞でも何でもできる。番組をやるのに全部自分で調べ、仕込んできた。いろはカルタ、百人一首、日本悪女伝などテーマを探して。一番面白かったのは古川柳です。「オハヨー！ほっかいどう」という朝ワイドを担当していた小林達典《たつのり》というディレクターが、その番組の中に「朝から何ですが」というコーナーを作った。古川柳の際どい話、いい話、色っぽい話。それをネタに、3分のおしゃべりを平日の毎日放送した。インパクトがあった。まだ「日高晤郎ショー」が始まる前で、このコーナーが晤郎さんの名前を広めるのに大きな力となった。

悪女伝でも百人一首でも、箇条書きで調べ、一応メモとして持っているが、見ない。全部頭に入っていて、しゃべった後はメモは不要で捨てちゃうから、資料は残っていない。彼の天才たる所以だと思う。活字が全部、頭に入るそうです。本は斜め読みじゃなくて、すごい速さで読んで、活字が記憶になる。恐ろしい。電話を受けてスタッフが書いた原稿は、間違って書くなと言われた。最初に読んだ原稿が頭に入っちゃうから、後から訂正が来ても駄目なんだと。

「おくさま広場」は55分番組の収録で、スタッフは他におらず、観客は僕1人。台を作ってくれというので、落語や講談のたたき台のような物を用意して、張扇で時々パンパンと叩きながらしゃべる。小さなスタジオの窓越しに向かい合わせで、僕は大笑い。こんな面白いことはない。最高ですね。編集で後から曲を入れるが、話が面白いから曲が減っていく。面白くなったから、外に出て公開録音にも幾つか行くようになった。

オークションのイベントもよく頼まれた。オークション、ビンゴ、抽選会などの司会を芸にする。それだけで2時間OKなんです。営業で呼ばれて行って、盛り上がる。函館や小樽など、いろんな所に行った。

「晤郎ショー」になってからのこと。いつも飛行機の中で本を読んでくるが、たまたま持ち合わせの本がなく、空港の本屋で買ったのが山本周五郎の「松風の門」。短編がたくさん入ったもので、最初が「松風の門」、その本を読んできた。午後4時のところで語りの時間があったので、今日、「松風の門」をやるよと言って、何も見ないでしゃべり始めた。これがいい話で。僕も何回読んでも泣きそうになるくらい。彼の記憶がいいというのは、終わってから一応調べたら、年代や名前は全部間違っていなかったと言うんです。天才ですよ。

ただ、絵や映像は駄目で、人の名前と顔が一致しない。これが得意なのはマネジャーの茅野義隆さん。名前と顔が一致する。2人でいて、茅野さんがあの人だよと名前を言うと、日高さんがあいさつできる。このコンビは最高でした。めちゃくちゃ良かった。

語郎さんにとって、スタジオに観客を入れないと盛り上がらない。人に話すのがいい。それで「語郎ショー」では、スタジオの中に階段席を作って、彼がお客に向かって話すようにした。普通、しゃべり手はスタッフの方を見る。それで、彼がスタッフに背を向けて、ディレクターが横にいるようになった。他の番組ではあり得ないことです。

「語郎ショー」をやる時は、最初から「日本一になるから」と言っていた。「東京から呼ばれても行かない。聴きたい人は来い」と。昔は、ラジコがないから。それは気合いが入りましたね。リスナーも多くなって、「僕が会社をもうけさせたら、辞めさせないよ」とも言っていた。決意でしょうね。覚悟です。

「おくさま広場」から「語郎ショー」になるきっかけは、STVが改革をしようとした時期で、3時間をもらった。語郎さんと相談して、その後、10時間の企画書を出した。スタジオを開けて人を集めようと。10時間の企画を出せば5時間はくれるよと言っていたら、8時間をくれた。「日高さん、会社はやる気だ」と、2人で喜びましたよ。うれしくてね。

僕はフロアディレクターでは付きっきり。次に、後ろに行ったり、プロデューサーだったり、スタジオにほとんどずっといた。彼は僕らを笑わせようと思っているところがある。スタジオのお客さんは皆笑うんですが、すぐ窓越しに後ろのスタッフの方を向くんです。一番後ろに座っていて、「あっ、来た」と、ワーと笑う。笑いを共有しないと駄目。誰も何もしないでいるのは嫌いで、皆、笑ってなきゃいけない。愛想笑いではなく、実際、面白い。最高ですよ。

「晤郎ショー」を始める時、こうも言っていた。「私はデブで脂ぎっていて、ひどい男だよ。ところが、スタジオはシャンデリアが下がって、すごいスタジオなんだ」。お客さんが見に来ると、真逆で、晤郎さんはすごくいい男で、スタジオはボロい。「そうか、ここへ来ないと分からない」と皆に思わせる。この落差を楽しんでいた。「晤郎ショー」は生放送だけど、録音して聴いても面白いものにしようと、完成度の高いものを目指していた。

彼の特殊な能力は何か。抜群の構成力です。普通は構成作家がいて、8時間、9時間を構成する。ところが、晤郎さんは、入ってくる電話などの原稿をパッと見たら、それを何時のどこで放送したらいいかを瞬時に判断する。生放送なのに、やりながら構成する。午後4時になったら語るコーナーがあって、一番いい手紙をそこで読むように置いておくというようなな。この構成の仕方がうまくて、最初に馬鹿なことを言っているけど、何をやりたかったかは最後まで聴けば分かるよ、と彼は言う。先にもらった手紙があり、読む場所を決めていても入れ替えをする。それは任せていた。この構成力は放送作家にもない才能です。

土曜の早朝に来た時に、放送前にディナーショーの練習をする。僕が付き合っていたけど、のちにディレクターがやるようになった。定年後もディナーショーの演出をはじめ、顔を合わせ、交流は続いていた。彼にとっては、ラジオをずっと聴いてあげているのが一番大事なこと。ずっと見ていてもらえるというのが彼にとって良かったのかなと思う。

彼のすごさ、どうしてあんなことができるのか。もちろん、皆に言うように、「しゃべる時に覚悟せよ、自分の言っていることに責任を持て」と僕にもよく言うんですね。「覚悟できたかい」と言われる。ある種のペルソナと思う。何かと言うと、彼は日高晤郎という役者でやっている、芸人として。細谷新吾じゃないですね。この芸人の基準は美学です。哲学じゃないです。それは彼の役者人生などで培ってできてきた。この美学に外れるかどうかで判断している。「バカヤロー」とか言っている時は、良いか悪いかというより彼の美学の型にはまらないと駄目です。彼自身の美学がある。何で皆、彼の言うことをＯＫしているかというと、そういうことだと分かったからなんです。

「晤郎ショー」を作った頃は、毎週のように電話でクレームをくれるおじさんがいた。女の子に上司を出せとなり、僕が替わって取る。ずっと聞いていると、彼の言うことの方が正しい。普通に聴けばそうでしょう。正しいかどうかなら、クレームを言っている人の方が正しい。毎週名前を変えてくるが、声が同じだから分かる。ひと月ほどたって、その人に「どうすればいいですか」と聞いた。彼が言うには「しょうがないべや、日高晤郎だもの」。そうなんだと思った。皆、納得するわけでない。しょうがないものと思って聴いているんだ。ズバズバと言い、クレームもあるが、日高晤郎を認めている。変えることはない。文句を言っているけど、変えてくれとは言っていない。彼は哲学で判断していない、美学なんだと思った。難しいことを言うと、美学も哲学の一つですが。「しょうがないべや」が最高でした。次の週から電話が来なくなった。納得しましたね。彼をみんな許した。それが「しょうがないべや」。

基本的に悪意がない。いろんなことを言うけど、人を傷つけるという気持ちはない。彼は役者の勉強をする時、こう言われたそうです。「みんなの前で叱られろ」。そうすると勉強になる。陰で言われても駄目だ。だから、みんなの前で、放送で叱っていた。打ち上げでは言わない。打ち上げまで仕事だと言っていた。

クレームの電話はたくさん来た。頭に来るんじゃないですか。彼は芸人だと言っているわけですから、スタンスははっきりしている。ある時、今週の目標として、進行表の各ページの上に「もっと優しく」と僕が書いたことがある。彼も毎時間のページに出てくるから、ちょっと優しくくした。ところが、次週、彼が東京から札幌に戻った時、関口澄さんという上司が喫茶店で、「日高さん、何か受けようと思っていないかい。10人のうち3人でいいんだよ。何か先週は違った」と。聴いていて、変化が分かったんですね。彼は「よしっ」と言って、元に戻った。

役者をしていた時代、歌舞伎をすごく勉強している。落語も。落語のテープは600本くらいあると言っていた。型をきちっと、しかも名人を知っていた。全部肥やしにして吸収している。関口さんとはよく歌舞伎と落語の話をしていた。関口さんは晤郎さんとそんな話ができるSTVで唯一の人だったと思います。

大阪の人だけど、一度もお金のことを言われたことがない。ギャラのことも。少しずつ少しずつ上がった。ラジオのギャラなんて、そんなに上げられない。最後はスポンサーが付くようになったからCM代が入って、少しは良くなった。そんなお金しか払っていないのと言われる程度です。テレビだったら10倍は払ったでしょう。

日高晤郎に代わる人はいるか。彼は歴史を作りましたから、全く別なタイプの人を探さないといけない。関口さんから、「晤郎ショー」が始まって3年目くらいに「次を探せ」と言われた。毎週東京から通って来るのだから、何が起こるか分からない。初めから30年以上も続くと思っていませんよね。何かあると困るから、誰か探しておけと言われた。「分かりました」と答えながら、35年もたった。

日高さんをちゃんと守ってくれたのは関口さんなんです。僕は番組を作りましたけど、言いたい放題に聞こえるから、大変だったと思います。周りや社内も。関口さんが支えてくれるから、僕らは平気でできた。しかも、一切言わない、何にも。あとは自由にやれと。僕も日高さんには「何を言ってもいいですよ。責任は僕が全部取りますから」と言いましたが、ペーペーの僕に責任を取る能力なんかありません。やはり、上の人がみんな守ってくれていた。

亡くなったのは予想外でした。いろんな悔いもある。芸談で「紺屋高尾」を完成させるまで続けると。そして、もう一回、芸談の原点だった江別の釜飯店「やか多」でやろうと言っていたんですよね。釜飯を食べながら。でも、実現できなかった。

「晤郎ショー」はずっとやろうと言っていた。続けるつもりでいた。それでボイストレーニングも毎週していた。あんなに体を鍛えていたのに。何ということだ。

札幌医大の病院に転院して良かった。病院の良し悪しじゃなくて。当時の病院長の山下敏彦先生が晤郎さんのファンで、ディナーショーにも来てくださった。3週間後に「明日への贈り物」のイベントがあり、昼夜2時間2公演がある。日高さんは「それまでは入院しない。何とか仕事ができるようにしてくれませんか」と3月初めに主治医の先生にお願いし、そのようにやってくれました。飲む抗がん剤を持ってきて、これをやりましょう、3週間持たせて、終わったら入院しましょうと。僕は夜の公演はこのままでは駄目だと思ったので、点滴したいと先生に連絡した。病院に来ればやってくれると言われたが、幕間に行けない。先生にお願いして楽屋で、時間がないから30分で終わることができませんかとお願いしたら、主治医の先生が直接来てくれた。大変なことです。晤郎さんに全部内緒でやった。彼は点滴をしながら言った。「岩本さん、今までに勝手にやったことで、これが一番良かったことだ」と。点滴の30分で夜の公演も持った。これがなかったら全然できなかったでしょう。

翌日の3月24日の「晤郎ショー」は「また来週」で締めたが、彼はこれで終わりだと思っていたと思う。言わないですけどね。最後、「街の灯り」も歌えませんでしたし、立ち上がれなかった。覚悟してやっていましたね。だって、彼は元気な時からずっと、スタジオで死ぬと言っていたわけですから。最後まで現役でやる。その通りに全うしました。

岩本芳修さん

日高さんのマネジャーだった　茅野義隆《ちのよしたか》さん（76）、美千代《みちよ》さん（77）

茅野義隆さん（茅野）　日高さんとは1983年ごろ、STVの近くの居酒屋「へそまがり」で出会った。「おくさま広場」をやっていた頃です。マスターから「STVで番組をやっている奴だから、茅野頼むな」と紹介された。隣同士で飲んでいて、誕生日を言い合ったら、同じ年で俺は3月28日、日高さんは2月28日。日高さんは「1カ月違いか」と、急にコロッと変わって親しみを持ったらしい。こいつなら一緒にできると思ったんじゃないかな。結構話したけど、家のこととかは一切話さない人。他愛のない世間話ばかりです。いつも1人で来て、その日も1人。周りにはSTVの関係者とかがいっぱいいて、カウンターはびっしりになるが、いつも1人でした。そのうち、「へそまがり」で飲んでいて、後援会を作って有名にしようとなった。当時、俺はあまり番組を聴いたことがなかったから、正直言って、面白い人かどうか分からなかった。飲んで話しているうちにだんだんと、面白い人だなと。それで、盛り上げようという話になった。飲み仲間が10人くらいいたのかな。音頭を取ってスピードを上げて、85年5月6日に第1回の「新吾の集い」を開いた。

美千代さん（美千代）　早い、早い。だらだらしない。「晤郎」だから5月6日がいいんじゃないかと。それから、毎年やっていた。

茅野　事務所の「日高エージェンシー」も作り、マネジャーに。後援会の会報作りは1人でやった。写真を撮ってレイアウト、原稿の依頼、広告も取ってきた。全部1人では結構大変で。年に1、2回発行し、疲れた時は年に1回。ある時、日高さんに「俺も疲れたから、後援会をやめないか。これだけ有名になったから、もういいだろう」と言うと、「茅野ちゃんがそう言うんだったら、好きなようにしていい」と。反対されると思っていたので、意外だった。その頃は「日高晤郎ショー」で人気を集め、引っ張りだこだったから。この辺が潮時かなと思った。会報は2002年1月の34号まで出した。新吾の集いは日高さんのおしゃべりや抽選会。抽選会の景品集めも俺1人でやった。中古車もあり、テレビ、ビデオ……。半端な抽選会じゃなかった。あと、日高さんがテーブルを回って写真を撮り、歌も1、2曲歌った。途中からディナーショーも始まり、新吾の集いと両方をやっていた時期もある。日高さんは抽選会が上手で、「抽選会の日高」と言われたくらい。抽選をしながら、面白くしゃべるわけです。ファンの人たちと行く「日高晤郎と味な旅」シリーズも企画し、10年くらいはやっただろうか。日高さんがファンの人たちを楽しませるんです。結構、集まりました。

美千代　その頃は毎月、講演会も必ずあった。

茅野　トーク&ティーも。本当に忙しかった。

美千代　あとは独り語りの会ですね。小樽、名寄、室蘭などいろんな所に行った。

茅野　依頼が重なり、断ることも多かった。1週間に1回しかできず、機会が限られているから。「晤郎ショー」では、終わった後の打ち上げが一番大事な人だった。

美千代　1時間くらい、ずっとしゃべりっぱなし。皆、大笑いして。

茅野　打ち上げでも楽しませるわけよ。ご苦労さんと言いながら、面白いことを言って。記憶力から何から、すごい人だった。結構、気も使うしね。先の先を読むわけ。いつも何かをしながら考えている。知能指数も高かったけど、俺が「すごいな。そんなことがよく分かるな」と言ったら、「俺とお前の違いは知能指数だ。俺は高い。お前は低すぎるから」とよく言われた。加えて、暇があったら静かに本を読んで、それを勉強して頭に入れる。努力して、あそこまでになった人。勉強したから、あれだけ何でも知っていたんだね。

◇◆◇◆◇◆◇

茅野　札幌ではホテルに泊まっていたが、途中から中央区内にマンションの一室も買って、「勉強部屋」と言っていた。生前は誰も入れず、最初はマンションの名前も教えてくれなかった。亡くなってから後片付けのために入るようになったが、4部屋くらいある。
美千代　本ばかりの部屋が二つある。
茅野　本がいっぱい。寝室以外は壁際に本棚を作って本だらけだった。そのうちの2部屋は真ん中にも本棚があるから、まるっきり部屋を使えない。
美千代　ちょっとした本屋さんよりあるかもしれない。すごいですよ。
茅野　全然生活感のないマンション。物が置いてあるという部屋だけだから。試しに使ってくださいということでテレビ、冷蔵庫、洗濯機なども置いてあり、テレビだけで5台くらい。洗濯機は説明書が上に張ったままで、使った跡がなかった。1週間のうち行っていないこともある。行ったとしても2、3時間いたら出てきたのでは。東京で勉強してくるから、札幌のマンションはあくまで本を置いてあるだけで、長いことはいないと思う。用件が終わったら、すぐホテルに戻っていたから。
美千代　洗濯は私がしていた。靴下から下着まで。洗濯と着る物はこちらで用意します。
茅野　木曜はこれ、金曜はこれ、土曜の番組に行く時はこの服だとか、紙に一覧表を書いてホテルに入れる。日高さんはそれを見ながら着る。使い終わったら日曜の朝にそっくり俺が取りに行く。そして、妻が洗濯するんです。

◇◆◇◆◇◆◇

茅野　いろんなことを俺としゃべっていても、「俺はがんだ」とは言わなかった。何も教えてくれなかった。体の調子が悪いとか直接は言わなかった。だけど、「晤郎ショー」の打ち上げで、以前は缶ビールを1缶くらいは必ず飲んでいたが、亡くなる2年ほど前から飲まなくなり、ウーロン茶になった。何でかなと思ったけど、その時は何も気づかなかった。今考えれば、ビールを受けつけなかったのかなと。亡くなってマンションに行ったら、お客さんから差し入れでもらった6缶パックのビールを廊下に積んであった。見たら賞味期限が1年前、2年前とか。10何年前のビールまであった。最後はビールが飲めなかったんだね。俺がホテルの冷蔵庫に入れていた缶ビールもマンションに持ってきて、並べてあった。それでいて、口では「風呂上がりのビールはうまい」とか言っていた。とにかく心配を掛けないという人だったから。

入院している時、ベッドで「茅野ちゃん、茅野ちゃん」と呼んでいるんです。俺も血圧が上がってくるから、見ていられないわけ。なかなか病室に入っていけなかった。俺に何か伝えたいわけよ。だけど、「来たよ」と病室に入り、2人きりになっても、目をつぶったまま言わない。今考えれば、何を言いたかったのかなあ。

18年3月24日の「晤郎ショー」の9時間が終わった後、お客さんは帰り、STVのスタッフもそれぞれの部屋に戻っていた。俺が「お疲れさん」と言ってスタジオに入ると、放送で座る椅子の横で立っていたんです。何を見るのではなく、黙って。じっと考え事をしているような感じ。そして、「茅野ちゃん、俺、頑張ったんだよな」と言うから、「よく頑張ったよ」と。そして、「そうか、これで良かったんだよな」。これが俺に対する最後の言葉だった。「良かったよ」と返すと、日高さんは力尽きたように、くたくたと倒れてしまった。抱えて、とりあえず椅子に座らせて。すぐ車椅子を持ってきて、ソファに横にさせた。休んだ後、打ち上げにも顔を出し、乾杯をして、お客さんからの差し入れを「これは誰、あれは誰」と口で言って振り分けをして、すぐに帰った。10数分はいたでしょうか。ワゴン型のタクシーを呼んでホテルまで送らせ、俺は自分の車でホテルに先回りして、フロントにお願いして車椅子を用意して待っていた。すると、タクシーを降りたら、シャキッとして自分で歩いてきた。そして、何もしゃべらないで部屋に入って行った。やっとの思いで。絶対、人前で弱音を見せない人だから。体の具合が悪くても、絶対言わない人だった。病院嫌いだった。
翌25日、心配だから、ホテルに「降りてきました?」と問い合わせると、10時、11時になっても降りてきていないという。これは大変だと思って、岩本芳修さんや縣昌宏さんに連絡を取って集まってもらい、様子を見に行こうと。フロントの人を含め、チェーンが掛かっていたら困るから切る道具も持って部屋に向かった。皆恐ろしいわけ、心配で。岩本さんから先に「日高さん」と言って入ると、中から「何で人の部屋に入ってくるんだ」と声が聞こえた。はぁー、これで生きていると思ったけれど、前日の服を着たままベッドにいて、起き上がれない。翌26日、すぐに札幌医大の病院に入院し、腹水を抜いた。
美千代　水を抜いたら、また戻ってくるつもりで行ったが、病院はもう駄目ですと。
茅野　午前中に水を抜いても、夕方にはまた同じでパンパンになって。23日の「明日への贈り物」でもタキシードのズボンが全く駄目でしたから。
美千代　腹でつかえて上がっていかない。Vの字に後ろを切ってサスペンダーをして、べストを着て、そしてジャケットを着てやった。昼夜の公演の間、札幌医大の先生が来て点滴もしてくれました。

茅野　24日の「晤郎ショー」で、「街の灯り」は「明日への贈り物」に出た歌手6人や皆で歌った。自分が歌えなくて。あの時はずっと泣いていて、本当にかわいそうだった。歌手も皆泣いていた。あれは印象的な場面だった。今でも頭から離れない。あの人、普段から俺に「死ぬ時はディナーショーか晤郎ショーの番組のどっちかで」とずっと言っていた。自分の思っていた通り、番組で死ねたから。

入院する前、ふらふらしながら1人で東京に帰った。奥さんに「俺、がんだ」と言いに行ったんです。調子が悪いのは知っていたけど、その時初めて、奥さんは夫からがんだと聞いた。よくこんな状態で帰ってきたというくらいびっくりしたと、奥さんは話していた。

◇◆◇◆◇◆◇

茅野　亡くなってから1週間に2、3日、日高さんのマンションに行っている。部屋には写真を置いて花を飾り、玄関で「おはよう」と言って入っていく。一周忌まではまだ生きていると思っていたから、本当に。部屋に絶対隠れていると思った。本を1日中読んでいる人だったから、どこかに隠れて本を読んでいるんだと。片付けが終わって休む時、写真を見ながら話をすることがあった。「もう、そろそろ出ておいでよ」「ベッドの下にいるのかい」と。だけど、一周忌を過ぎて、完全に吹っ切れた。もう戻って来ないんだと。俺の区切りは一周忌だった。19年4月に「千の杜」札幌東分院の式場で行った一周忌の集いは日高さんの奥さんも来て、20人余りでこじんまりとやった。これで、完全に逝っちまった。1カ月に1回ほど、日高さんの奥さんがマンションの部屋の後片付けなどに札幌に来る時は、妻も一緒に。本棚を見ながら東京に持ち帰る本を探し、荷造りして送ったり。片付けていない部屋のゴミ出しも。着る物はほとんど片付けて、お世話になった方々にあげたりもしました。

39歳で出会って、人生の半分を共にした。何の後悔もない。いろいろといつも、夢をもらった。36年間、あの人の裏をずっとやってきたけど、表にいるより楽しかった。やってあげること自体が楽しかった。そんなにキャッキャッと喜ぶ人でないから。ニコッと笑うだけなんだわ。その顔を見ていれば、しゃべらなくても分かるわけよ、「ありがとう」と言っているとか。友達を越えちゃって、目と目を見ただけで何を言おうとしているか、これ欲しいんだなとかも分かった。いろんな話をしたけど、俺は自分からは余計なことはしゃべらない。「なるほど」と返事をしていることが多かった。向こうは全て知り尽くして、俺に教えてくれているわけだから。妻も全く一緒の期間、支えた。日高さんは俺に直接言わなくても、妻に言う。妻が俺に教えてくれる。俺に言いづらいこと、恥ずかしい、照れることとか。「今日、こう言っているよ」とか、ほとんど妻から聞いていた。衣装は妻に任せきり。あの人は自分の好みとか何もないから、全部言われた物を着ていた。ありがたかったのは、どこの集まりに行っても皆に言うわけよ。「茅野の言うことは俺が言っていることだから」と。いかに俺を信頼してくれたのかと。

あの人はよく口癖で、この仕事をやめたら、3人で行商して歩くかいと、ずっと言っていた。死ぬまで一緒にいようと思ったわけ、俺たち夫婦と3人で。言っていたよな。

美千代　だけど、何を売るつもりだったんだろう。

茅野義隆さん、美千代さん

日高さんから「主治医」と言われたアガタ薬局2代目　縣昌宏《あがたまさひろ》さん（68）

40年くらい前、私は札幌の狸小路で薬局をやりながら、STVラジオの工藤準基さんの番組「準基のはりきり8丁目」にフードセラピストとして、ダイエットの指導で出ていた。テレビでは「2時ワイド」にも出ていて、日高さんも当時、同じ番組で地方に行くリポーターをしていた。私はスタジオでの出演だったので全くかぶらなかったが、番組ディレクターに紹介された。ちょっと話をしただけですが、これが最初の出会いです。ラジオの「日高晤郎ショー」はまだやっておらず、「おくさま広場」の頃かな。そのディレクターの岩本芳修さんは準基さんの番組のディレクターでもあったので、知っていました。

直接的なきっかけは、私が30歳すぎの頃でした。雑誌の編集長をしていた知り合いから日高さんを取材したいとの相談があり、私は岩本さんにお願いして、引き受けていただいた。そのお礼を岩本さんにしようと思い、当時、始まっていた「晤郎ショー」のスタジオにお邪魔した。岩本さんに「この前、お世話になりました」と、日高さんとスタッフ用に栄養ドリンク類などの差し入れをお持ちしたら、岩本さんが直接本人に渡してと言うので、スタジオに通された。すると、日高さんから「来週からもよろしくね」と言われてしまった。「分かりました」と言って、ずっと差し入れを続けるようになったのです。

毎週木曜には、ホテルに日高さん用の差し入れと手紙を入れ、フロントに置いてくる。お忙しいので直接会うわけではない。土曜はスタッフ用の差し入れをスタジオに持っていき、日高さんにあいさつする。狸小路のナイトバーゲンなどイベントがあるたびにスタジオに呼んでくれて、ゲスト席に座って一緒に話をするなど、いろいろやってくれた。自分の店も応援してくれた。ホテルには栄養ドリンクや栄養剤、薬など、日高さんから頼まれたものがあればそれを。スタジオにも救急箱を2セット、内服用と外用と、日高さんとスタッフ用を。放送中に声が出なくなった、下痢がひどくなった、胃の調子が悪いと言って、突然呼び出されることもたくさんあった。マネジャーの茅野義隆さんから電話が来て、症状を聞いて薬を持っていく。緊急の対処法ですね。風邪薬も声が出なくなる成分が入っており、声が出なくなると困るので、その辺を調整しながら。声が出なくなったら、蜂蜜とか場合によっては梅干しとか。薬のような感じの物でなくて、自然な物で治していく。

相談があった時の主治医。恐縮なことに、ずっとラジオで言ってくれていたので。スタッフ用は栄養ドリンク。ホテルには1週間分入れ、東京に持っても帰るが、当日持っていない可能性もあるので、日高さんの分も別にスタジオに持っていく。お金は頂かない。「よろしくね」の最初の約束通り。この一言でやられちゃった。

信頼していただけるきっかけになったのは、最初の差し入れから1年もたたない時期。その日もスタジオにドリンク類を差し入れに行って、車で帰って放送を聴いていた。その時、番組の中で電話してつなげて、「ウイークエンドバラエティ」と言ったら「日高晤郎ショー」と答えてくださいというコーナーがあって、クイズに答えたら何かを差し上げる。電話したら娘さんか誰かが「お母さん、お母さん」と言って合言葉を言わなかった。その時、日高さんも相当迷ったと思うが、次の人も待っているし、躊躇なく「お約束が違うので、電話を次に回します」と切った。私はその時、日高さんが相当傷ついただろうなと。「お母さん」と言った人はほったらかされるわけで、次の人も待っているわけです。晤郎さんは冷たいと思ったリスナーもいるかもしれない。日高さんはどういう思いで、前の人に関しては傷ついただろうなと。もう一回すぐスタジオに戻り、「日高さん、さっきのはあれで良かったですよ。全然問題なかったです」と言ったら、「そうかあ」と言ってくれて。番組の最後に、そのことに触れ、「実はあの時はすごく迷った。その時に縣が来て、あれで良かったと言われて、その後番組を続けてすごく救われた。私の心の名医のような感じがするので、これからも私の主治医としてやってもらいたい」というようなことを言われた。「街の灯り」の後、テーマソングが流れている時です。

親しくさせていただいたのは35年くらい、その間、差し入れを持って行った。「主治医だ」と言ってから随分私のことをラジオでしゃべってくれ、有名にしてくれた人ですから、良くも悪くも。平野薫さんほどはいじられませんが。たまに手紙を書いた内容のこと、薬のこと、体のことと、いろんなことを折に触れて、いろいろなコーナーで本当によく話していただいた。「アガタ薬局の縣さん」と言って。ありがたい話でした。

薬局は父の代から入れて73年。もともとは5丁目に大きな店があって、私は23歳で戻ってきた。2000年4月1日に現在の6丁目に移った時、土曜なので「晤郎ショー」に合わせて8時に開店したんです。一日中宣伝してくれて、「何でもいいから買いに行ってやってください」と。本当にお客さんが来ました。ありがたい思い出。店を移すのも一大決心が要りましたが、日高さんのおかげで20年間、ここでやらせていただいていると思います。

それから、ススキノに「さちこ」というスナックがあり、毎週のように誘ってくれた。ママさんが日高さんの大ファン。日高さんが40代くらいの頃だと思う。2年くらいは続いたかな。その後、さちこママは店を閉めて東京に行き、しばらくして亡くなった。09年の番組で、当時のディレクターがサプライズで最後に渡したのが、さちこママのお母さんからの手紙で、日高さんは号泣しながら手紙を読んだ。その話を聞くと、いつも明るくやっていたので、当時、日高さんが大変な時期でこんなに辛かったとは私も思っていなくて。何もおっしゃらなかったけど、多分、一番辛かった頃に誘われて、ご一緒していたんだなあと。

年1回の誕生会はマネジャーの茅野義隆さんが主催して、札幌パークホテルで20人くらいで開いていた。2月28日の前後、最終週の木曜日。いろんな方が出入りしたけど、最終的には小菅正夫さん夫婦とかも。小菅さんは昔からではなく、むしろ一番新しいお友達。メンバーは毎年茅野さんが決める。最初から出ているのは私と岩本さんと平野薫さん。本当の内輪です。司会、乾杯、ケーキを切るのも自分で、最後の乾杯も自分でやって日高さんのワンマンショーです。ほかに、ファンの方々も出るイベントなどが昔はたくさんあった。

本当に病院嫌いの人、行かない人だった。ノロウィルス、ぎっくり腰など緊急のことがたくさんあった。あばら骨を折った時はさすがに病院に行った。だけど、折れていると分かった途端、コルセットを外して鎮痛剤も飲まずに過ごした。痛いと感じた方が普通の反応だと言っていた人なんです。

手術で入院する時から、日高さんに一緒に来て話を聞いてくれと頼まれた。そこから亡くなるまでは病院に付き添い、経過も聞いた。茅野さんももちろん来た。2人で必ず先生の話を聞いたり、それを日高さんに伝えたり。こういう治療の仕方でとか。日高さんの奥さんに連絡しながら。茅野さんと最後の最後までやってきた格好ですね。

ただ、初期の段階でMRIやCTをかけていてくれれば結果は違ったのではないか。何でかけなかったのだろう。仕方がないことなんですが、後から考えると本当に無念だった。今でも心残りです。もっと早くに一緒に行ってあげていればと後悔が残る。日高さんもそんな大事になると思っていなかったし、私もこんなことになると思っていなかった。

恐らく本人の自覚としては、その1年くらい前から様子がおかしいなあと絶対思っていたはずだと思う。今考えれば。気づいてあげられなくて申し訳なかったと思って。

18年3月23日の「明日への贈り物」の夜の部で、踊ったのにはびっくりした。楽屋では横になって、点滴を受けていた。ただ、トイレに行く時はお腹は出ていたけど、きちっと背筋を伸ばして行くんです。翌24日の「晤郎ショー」でもほとんどスタジオにいた。他の方に任せて、休んでいる時間もあったので、寄り添って話を聞いたりしました。

25日、日高さんから連絡が来ないので、茅野さん、岩本さんの3人でホテルの部屋に行って、寝ているのを確認して。次の日、私が迎えに行って札幌医大の病院へ。入院した時、日高さんは医大の先生に「まだ病気よりも自分の気力の方が勝っている気がするので、よろしくお願いします」と言った。素晴らしい言葉だなあと思った。何回も病院を行き来する際、「これでいいよね」「自分のことだから、これでいいんだ」と言っていた。

2回目の手術をする朝に自分の状態を完全に把握し、そこから日高さんは秒読みが始まったのではないか。最期、ぎりぎりの所で治療したいという思いがあって、札幌医大に転院したと思う。24日の「晤郎ショー」は絶対にやりきるという覚悟があったと思います。

本当に最後まで仕事のことを考えていた。亡くなる何日か前、ベッドで横になっていて、回診の先生が入ってきた時、コンサートの企画の話をしていた。奥さんに「入院が長くなりそうだから、東京の家を売って、こっちに来て」と言っていたくらいだから、生きる意欲はあった。亡くなる前日まで意識はしっかりしていた。聞き取りにくい声ではあるが、普通に。ちょっとだけどアイスクリームも食べた。4月3日朝。亡くなる日に急に意識がなくなった。まだ次の夢もあったでしょう。本人は80歳からやりたいことがあると言っていた。

　飲んでいる時、よく日高さんが皆の前で言ってくれたのは「縣は俺に対する距離感が合っているんだ」と。私は余計なことはしゃべらないからかな。というか、ほとんど日高さんが1人でしゃべっています。みんな、最後まで付き合った方は結局、距離感が良かったのではないかと。自分もいろんな傷を負いながらしゃべっている—そういう所をサビオでも貼ってあげられればというような気持ちでずっといた。本当に優しい人でしたよ。バッと怒ってもフォローしてくれる。必ず怒りっぱなし、投げっぱなしにはしない人。アシスタントにそれ以上はしなくてもいいのになあと個人的には思っていたが。怒られた人に限って、社員じゃないけど、皆さんまだ現役でやっている。とついようこさん、奈良愛美さんも。茅野さんが一番感じている

縣昌宏さん

んでしょうけど、日高さんが今いないという喪失感。本当に寂しいですよね。自宅、薬局、その次にSTVと日高さんが泊まるホテルには必ず行っていたわけですから。

対談を機に交流を深めた旭山動物園元園長　小菅正夫《こすげまさお》さん（71）

落語や講談がもともと好きで、寄席にも北大の学生時代から行っていた。東京や大阪にも行って。旭川の旭山動物園に就職してから、ラジオを結構聴いていた。落語でもない、講談でもない。だけど、ある人物のことを話すという。今だったら「紺屋高尾」とかある。そんなに長い時間でなかったけど、土曜だったかな、1時間か2時間くらいの番組で、日高さんが2、30分話をした。それが耳に残っていて、時間があれば聴いていた。確か、「日高晤郎ショー」はまだなかった頃。自分で創り上げた話だと思う。それがきっかけで聴き始めた。そうしたら、いつの間にか、それが「晤郎ショー」の番組になった。聴いている人と一体となって何かやるという番組はなかなかないのに、それをやっていた。

1人でしゃべって、音楽も流していた気がする。人物の評伝みたいな、すごい話を。それがうまいんだ、感動させるような語り口で。そして、「晤郎ショー」になり、時間もどんどん延びていった。毎週は聴けないが、土曜に時間があれば大体聴いていた。

それで旭山動物園の園長をしていた時、ＳＴＶから「日高晤郎の北海道五十三次」という番組の対談の話が来た。相手が日高さんと聞いて、びっくりして。それまでは、日高さんと動物って全然結びつかなくて。まず動物を見て話をした後、座って対談をした。園長になったのは１９９５年で、動物園が評判になって、マスコミにも取り上げられていた頃です。だから、来たんでしょうね。日高さんはもともと知っていて、好きな芸人だった。

対談の際、日高さんから子供の時から大阪の天王寺動物園で育ったと聞いたんです。「近くにいてよく行き、動物園が好きでねえ」と言う。動物園が好きだと言った途端、親しい気持ちになった。「ほっきょくぐま館」は既にでき、「あざらし館」がまだオープンする前の頃だと思う。問われるまま、ホッキョクグマの動物舎を造る時の考え方とか、動物の何を見せるかなどを話した。「姿、形じゃなくてというところ。動きを見せるということは結局、心を見せることだろう」というような話です。動物のいろんな話を。俺の方がしゃべったかもしれない。晤郎さんと対談して、あり得ないでしょ、俺の方がしゃべるなんて。あの人、ものすごく人の話をよく聞くし。この対談は２００４年1月に放送されました。

一つはものすごくね、動物のことをこんなに好きでいてくれる人がいてうれしかった。僕は動物が好きな人が大好きなんですよ。日高晤郎という男は「子供の時、僕の原点は天王寺動物園だ」って言ってくれた。動物園の動物も人に見られている。晤郎さんも人に見られてなんぼなんだよ。そういうような感性なんです、あの人は。だから、俺の原点は動物園ですと。旭山動物園はその動物をものすごく大切にして、動物を素晴らしく見せて輝かせてくれている。「本当にありがとう」と言うんだから。俺には「あっ、そうか。天王寺動物園で檻の中にいる、あの大変な檻の中にいる動物と自分も見られてなんぼの世界にいる。これをやり方によっては、こんなに輝かせてくれるんだ、

大阪・天王寺動物園で遊ぶ９歳の日高さん

俺は自分の方法で自分を輝かせるんだ」と聞こえるんだ。本人はそう言わないよ。だけど、話の中ですごく、俺の心もきっと、あの洞察力でいろいろ読んでいくんだろうけど、裏表がないのが一番でしょ。そのことも俺自身も絶対裏表がない、どこ行ってもいつも同じ。

羽田や新千歳の空港でも飛行機の中でもよく会う。晤郎さんが俺を見つけるか、「あらっ」とお互いに気づくか。1回だけ「晤郎さん」と言ってあいさつしたら、気づかなかった。そのことを言ったら、「嘘だ、俺は絶対そんなことない」と慌てるんです。「本当、何時?」などとしつこく言い訳を言っていた。飛行機に乗っている時も歩いている時も、あの人はあの姿勢のままだからね。それで、前だけでなく、ずっと三百六十度に気を張っていて、その網を俺がすり抜けた。きっとそういう感覚で、自分が許せなかったのではないか。

対談が終わってすぐの「晤郎ショー」で、俺と動物のこんな話をしたというのを延々と番組の中で話していた。スタジオの常連の人に「お前ら行ってこい。見なきゃ分からんから」「行ったら、小菅園長を捕まえて写真を撮って、証拠に俺に見せろ」と。めちゃくちゃです。実際、その土曜の翌日の日曜にいろんなグループの人が来て。僕は事務所に座っているのが好きでもないので、時間があれば園内をぐるぐる回っていたところ、突然「あーっ」と駆け寄って来て、とにかく写真をと。「どうしたんですか」と聞いたら、晤郎さんが写真を撮ってこいとうるさいからと言う。1グループ5人から10人くらいの人たちが何グループも来て、写真を撮って。その次の週の土曜は写真を見て、「お前ら本当に行ったのか、どうだった」と、またその話をして。しばらく、旭山動物園の話をしてくれた。その後も事あるごとに、動物の話題が出たら、旭山動物園では、きっと園長は多分こういうふうに言っているぞと話をして、アピールしてくれた。面白おかしく。

放送の席で、「園長、とにかく1回ここへおいで」と言われた。電話でなく放送の中で。「今度来てよ、ここに」と言うと、みんなパチパチと。それで何回か行った。年に1、2回あるかないか。行ったら喜んでくれた。「今、小菅園長が来ているので、ちょっと出てもらいましょう」と、そこから延々と。日高さんの隣の席に座らせられた。

15年10月から札幌市環境局参与の円山動物園担当になって札幌に来てからは、ラジオで「やっぱり小菅さんは動物園だよ、また頑張ってねえ」との話をしていた。16年春だったかな、「晤郎ショー」で円山動物園からの中継があった。その時に加藤園長が出ることになっていて、スタッフの人が小菅さんは来ていますかと聞くので、私も出ることになった。「小菅です」

と言ったら、「園長、いるの。今度来てよ。隣の園長も連れて」。その年の8月、2人で「晤郎ショー」のスタジオに行った。1時間くらいして帰るからと午後1時半には着いたが、結局5時までいた。「また来てね」と言われて帰った。その後、行こうと話していたが、2人の予定が合わなくて。ずるずると日がたつうちに、亡くなってしまった。訃報を聞いて、2人で「いやー、何としても行くんだった。約束を果たせなかったなあ。それだけが心残りだね」という話をしました。

18年2月、番組の放送中に電話で話していた時のことです。突然、晤郎さんが「小菅さん、死ぬ時はどうやって死にたい」と聞くので、「動物園の中、ぶらぶら散歩しながらバタッと倒れたいなあ」と答えたら、「そうだよなあ。そうでなかったら園長でないよなあ」「やっぱり、園長は動物園で死にたいよねえ」と。さらに、「僕はそう願っていますけどね」と返すと、「俺もそうなんだよ。死ぬ時はスタジオで皆と話しながら、そこで死にたいんだよ」と。その時は、何を馬鹿なことを言っているんだと思った。晤郎さんが危ないということを想像もしない時ですから。

もともと俺の体のことを心配してくれていて、会うたびに「また太ったんじゃないの。その年で太ったら駄目なんだよ」「俺を見てごらん、鍛えているんだよ」と。４つ年上で、ディナーショーに行って話すたび、あの節制や鍛錬を見ていて、超人だと思っていた。そういう人が死ぬということを口に出したので、「どうしたんだろう、晤郎さん」という感じだった。

その会話がずっと残っていて、あの死に方でしょう。あの会話の時に晤郎さんは既に自分のことを知っていたのでしょうか。それをおくびにも出さず、皆を激励し続けて、そのエネルギーを全部出し切って放送して。最後の放送でしょ、涙を流したのは。本当に思った通りに生きた人だな、あの人は。すごい。俺なんか、思った通りにと言ったって、なかなか難しい。俺はバカ正直だから、正面からぶつかる。妥協することも考える。あの人は妥協がないもの。一切妥協しない。そこがあの人の一番の魅力。その妥協しない理由が自分をどれだけ削いでいるかというところ。人に求めるのではなくて、俺がここまでと。常に頭にあるのは、自分をどういうふうにして作り上げていくかということに妥協しない。人との関係も妥協する必要がない。生き方がイコール死に方だから、とてもとても我々が付いていこうなんて生き方をしていなければ、あの死に方を見てもああいうふうに死ねたらいいなあと皆が思えるような死に方をやってのけたんだ、あの人は。ずっと人に見られる日高晤郎という人間を作り上げて、正面だけでなく背中から全部一緒に見せて、見せたまま、裏切ることなく人生を終えた人です。いないよ、あんな人。だって一生かけて、芸人・日高晤郎をやっていた。普通だったら、それをやっていても疲れてしまう。「晤郎ショー」も1回休んだだけです。

すごい人だなあと思った。自分もそうだと一致点が多くて。彼の人を見る観察眼と、僕の動物を見る観察眼に非常に共通する所があって。動物も平気でだますからね。晤郎さんもそういう観察眼はすごい。分析眼、分析能力はすごいと思う。それをどう使うかという技術も持っている。晤郎さんは自分のことを芸人だと言っているけど、テレビなんかに出ている芸人だって言っている人を見ても、晤郎さんほどの重さがない。晤郎さんって、ケラケラ笑っていても、すごく重たい内容を含んでいるんだよな。照れて言えないようなことでも平気で言うけど、あの人が言うと何ともないんだよね。やってきているから。

ファンというより、この人はすごいなっていう。ひと言ひと言に。敵に回してしまうというようなことでも平気で言う。意図的に言っている。「あんなの駄目だって」と隠さない。自分のことについても、「俺のことを嫌いな人を知っている。だけど、そんなのどうでもいいんだ。俺のことをいいと言っている人だけでいいんだ」と。その覚悟だよね。万人に受けるものをやったら面白くなくなるのははっきりしているんだって。自分の芸はそういう芸だと言って、引こうともしないし、割り切っている。それが深く人を引きつける。他の人がやったら駄目だよ。政治家がそれをやったら終わりだと思う。晤郎さんみたいな人に政治家になってほしいが。逆に言えば、信念を持って訴えている政治家がどれだけいるのかと思う。ちゃんと自分で考えて自分で結論を出している。人に左右されていない。だから言えるんだよ。俺の前を歩いている人という感じがする。そんな生き方をしたら晤郎さんに恥ずかしいぞとか。やっぱり最後の最後はすごい。生き様、死に様だからねえ、すごい。

小菅正夫さん

日高晤郎さんは吉幾三さん、五木ひろしさん、堀内孝雄さん、天童よしみさん、島津亜矢さんらベテラン歌手との交流も広く、長かった。この中から、「アリス」の全国コンサートツアーで2019年9月末に札幌を訪れた堀内孝雄さんに話を聞くことができた。堀内さんは日高さんが1990年に出したオリジナル曲「つづれ織り」（山上路夫さん作詞、B面は「街の灯り」）の作曲もしている。日高さんの2月の誕生日の週には、スタジオへの出演か電話、メッセージを毎年のように送ったという。

夕張で出会った時の堀内孝雄さんと日高さん

堀内孝雄《ほりうちたかお》さん（70）

1986年ごろでしょうか。夕張市で開かれたSTVラジオの公開録音のステージで初めて会いました。晤郎さんも番組を持って初めの頃。その日の会場は屋外で、たくさんのお客さんがいました。しゃべり手で、語り部でもある日高さんなんで、おしゃべりは得意そのもの。番組が始まったばかりだけど、こなれていた。この後、どんどん輪は広がるし、番組の聴取率も上がっていくし。のちのちはテレビにまで進出された方。いやあ、すごい人に会えました。

ものすごくしゃべりやすい。面白おかしくもあるけど、結局、インテリなんです。難しい話になっても、裏付けになる答えをいつも自分の中に持ってらっしゃる。すごい勉強家でもあるから。話していても、冗談も多いけど、実のある話が多い。ただ面白いだけで、あの番組の長い時間は、持たないと思う。引き出しを自分の中にたくさん持っていたからでしょう。スタジオに呼ばれる時に怖かったですものね。どんな質問が来るんだろうなあって。

札幌に来て、スタジオに顔を出してくれれば、いつでも出すからと言ってくれて。本当に出してくれる。マネジャーの茅野さんがスタジオにすっと紙の走り書きで「堀内さん、来ました」と渡してくれ、CMなどの時、「はい、堀内さん登場です」とうまく演出して。とにかく楽しい人でした。要するに、実のある話のできる人だから、ファンの人もよく知っていたんじゃないかな。毒舌でもあったけど、やっぱりごもっともという、誰も言えない、大人としての見解を持ってらっしゃるから。あれがやっぱり、すごかったんじゃないかなあ。

勉強家なんですよ。うかつに僕が知ったかぶりして何かを言うと、絶対駄目です。突っ込まれてボロボロになります。それが亡くなる日までの日高晤郎を支えていますね。本当に努力の人です。

いろんなことでの先輩だし、生き方とか考え方とか、本当に勉強になった人です。スタジオには足繁く通った。キャンペーンなどで来て、時間が作れたら遊びにおいでって。たとえ1時間でも。でも、普通1時間で遊びに行くというのは、東京なんかではあり得ない。他にスケジュールが詰まっているから、帰ってくれって言われる。ここじゃ、日高さんなりの受け入れがあったので。僕も含めてですが、本当にいろんな歌手がみんな大好きだったんじゃないかなあ。テレビの「スーパーサンデー」にもお呼びいただいて、雪の中、タクシーで走って行ったのを覚えています。

スタジオの中、いつも満員なんです。待っている人が多くて。ああいうムードを持っている番組は他にないですね。晤郎さんの人柄でしょう。

僕は最初、うかつなことを言えないと言いましたが、うちの会社で「北海道にすごい人がいる」って、その下調べをしてくれて、事前に番組の同録のテープを聴くことができた。確かに良い番組なんですよ。面白い。ぜひ会ってみたいと。たまたま聴いたそのテープがまた、うかつなことを言ったアイドルの人がコテンパンにやられ、「別に君らしく答えればいいんだよ。何で、そんなところでそんなことを言うの」となっちゃっている。あー、そうか、自然体で臨めばいいんだなあというか。普通は聴かないですよ。ぶっつけで行きます。けれど、日高さんはしっかりおしゃべりをされる方なので。

初めて呼ばれて行ったのが夕張でしたが、その時の印象が多分良かったんでしょうね。当時、僕は「アリス」をやめて、また一からって振り出しに戻った時期なんで、それが良かった。晤郎さんも振り出しで、よーし一旗揚げてみるぞという時期だったから。お互い良かった。すごくいい出会いだった。

とにかく、人間として面白い。芯が通っているというか、それを感じた。人付き合いもそうです。ものすごく気を使う。（人前で怒ったりもするが）あれはスタンドプレー。大したことない。仕事に対する姿勢だったり、そういうものをちゃんとしたかったんですね。僕は誰にも好かれるタイプなんで、「もう、それやめたら」とか言われて。「そんな奴いねえから」と。人当たりを悪くしようとは思わないけど、そういう意味では晤郎さんを見ていると、「あっ、別にいいじゃない、嫌いな人はずっと嫌いなんだから。好かれなくていいや」という、はっきりした面を持ってらっしゃる。男気があるし、僕は大好きでしたね。

ヒデ（出門英）さんとも、（西城）秀樹とも仲が良かった。（松原）のぶえちゃんも仲がいい。僕も含めてですけど、結構仲がいい人が歌手にいる。「俺が語ってやるから、みんな1人1人出てこい」と言って。それはかなわなかったんですけど。トークみたいな、俺が司会をやってやるから、MCは俺に任せろとか言って。根回しが本当に上手。日本一じゃないかなあ。嫌いな人が幾らいようが。本当に面白い人でした。こんな人、日本中探してもいないんですよ。希有な存在。

スタジオに行った時、新曲を2回も3回もかけてくれることがあった。いいんですかと思ったけど、わざわざ来てもらっているんだからと。すごいんですよ。怒られますよ。

残念でたまりせん。80歳手前とか、もうちょっとしたら本当に円熟味を増して、かなり面白くなる人だったと思う。皆が太刀打ちできないような。面白味がまだまだ出る人ですね。嫌いだった人たちもきっと好きになるような。何だ、こういうことだったのかという。ああいう口調だから、気分で俺は嫌なんだという人はいるけれども、なかなか真髄を聴いてくれていないなあと、僕は残念です。

とにかく残念。（18年5月に札幌で開かれた）「お別れの会」には日帰りですが、飛んで来ました。日高さんの写真が入った「お別れの会」のしおりは、いつもカバンに入れて持ち歩いています。一緒に旅をしていて、今、一緒に札幌に戻ってきました。

堀内孝雄さん

ＳＴＶラジオの番組「日高晤郎ショー」には多くの歌手がスタジオにゲスト出演し、年３回のＳＴＶホールでの公開放送でステージに立った。若手、中堅では日高さんが強く推し、ファミリー的な交流のあった歌手も多く、道内の地元の歌手も応援した。縁の深い実力派歌手を集めた「晤郎ショー」の特別公演「明日への贈り物」は、自身が司会進行、構成、演出をして、2015年２月のPart １はクミコ、市川由紀乃、山内惠介、松原健之、こおり健太、藤澤ノリマサの６人が圧巻のステージを披露した。16年２月のPart ２は市川由紀乃、松原健之、こおり健太、藤澤ノリマサ、杜このみの５人。亡くなる直前の18年３月23日のPart ３は松原健之、こおり健太、走裕介、パク・ジュニョン、岩本公水、戸川よし乃（現在は改名して中村仁美）の６人で、闘病中の日高さんは命を削るように昼夜２公演をやり通した。

日高さんが推した歌手の中から、３回とも出演した松原健之さんとこおり健太さん、網走市出身の走裕介さん、地元の歌手の中から湧別町在住で旭川を拠点に活動する徳原海さんに話を聞いた。

「クリスマスを晤郎さんとすごそう」で
（右から）こおり健太さん、松原健之さん、走裕介さん

松原健之《まつばらたけし》さん（40）

日高晤郎さんに初めてお会いしたのは、飛行機の中でした。日高さんの噂は聞いていましたが、STVラジオで2010年から自分の番組を始めていて、そのスタッフから「ちゃんとしたタイミングの時にあいさつさせるから少し待ってて」と言われていました。夏の時期で、僕も短パンに帽子をかぶって、変な格好をしていましたが、飛行機で会って、これはご縁だなと感じ、シートベルトのサインが消えた時です。スタッフとの約束も忘れて「この時だ！」と緊張しながらも、タイミングを見計らって、できたばかりのサンプル盤のCDに一言メッセージを書いて、「初めまして。松原健之と言います」とあいさつして渡しました。すると、お立ちになって「日高です」と言って、「今度、番組に遊びに来てください」と。この時はそのひと言でした。

その後、すぐに「日高晤郎ショー」にスタジオ出演のオファーを頂きました。それまでに晤郎さんの番組に何度も出ていたこおり健太君から話を聞いたり、改めてお人柄を知らないと申し訳ないと思い、晤郎さんの書籍を2冊、音羽《おとわ》しのぶさんに、夜中に借りに行き夢中で読みました。初めて出演した時のことは緊張していてあまり覚えていません。

ただ、今後来る時は「ちょっとだけ来てしゃべるよりも、番組の9時間全部に出ないと、君のことをちゃんとお話しできないし、晤郎ショーというのは8時から5時まで全部聞いてもらって納得してもらえるような番組を作っている。時間のある場合は、ちゃんと9時間出てください」という言葉が印象的でした。「怖い！」という噂を聞いていましたが、実際の晤郎さんの目は優しく、一つ一つの言葉が素直に心の中に入って来ました。

そして、お会いした初日にメールアドレスを教えていただき、こまめに連絡させていただきました。例えば、生放送のテレビ番組「NHK歌謡コンサート」に出演する際、晤郎さんに「ぜひ見てください」とメールすると、感想が番組の終わる前に飛んでくるような感じ。ものすごくお忙しいはずなのに早いのです。今もメールが消せなくて、何通も大切に残してあります。

13年2月5日午後8時34分のメールはこうです。NHK歌謡コンサートで美空ひばりさんの「津軽のふるさと」を歌った時で、「美空ひばりさんの特集で感動したよ。美しかった。

澄んでいて、余計な作為や気取りを捨てた本物の歌唱だけがそこにあった。スラーがかかって、エンディングに運ぶ音色が、真摯に歌った時のひばりさんそのままだった。私が芸人で生きる覚悟を知った舞台がひばりさんだったから、誰かがひばりさんの曲を歌っても簡単には納得できなかったけど、今夜は納得した。うれしかった。ありがとう。お疲れ様」と。番組終了時間は午後8時43分です。メールが届いたのは午後8時34分。歌を聴いてすぐメールしてくださったのです。これに返すと、その瞬間にまた来る。僕が頂いたメールで終わるわけにいかないので、何か返す。すると、「返信ご無用」と来る。

同じ13年の9月13日午後5時22分は「BSを見ているところです、ホテルで。生じゃないよねえ。それはともかく、『窓の外の女』を久しぶりに聴いた。あなたに合っている。というより、すごいねえ、こういう歌も。チョー・ヨンピルの札幌のステージで生で見て聴いたことがあるけど。上回っていたよ。ご活躍何より。また会いましょう」。「BS日本のうた」の再放送ですね。こういう感想を一つずつ。

僕が15年に声帯ポリープの手術をする時には「のどの調子はいかがですか。もう手術はしたのかな、心配しています。君の歌声はファンや私にとってはもとより、歌謡の世界全般にとっても大切な宝物なので、くれぐれも大切にしてください。気温差や不安定な陽気は体力に響きます。大事にしてください」と優しいメールを頂きました。

僕が晤郎さんの人柄に触れさせていただいたのは、最後の数年ですが、ふざけるところと真面目なところ、聖のようなところと俗っぽいところとを絶妙に使い分けていた晤郎さん。「明日への贈り物」の前、18年3月18日に「無理しないでくださいね」とメールをすると、「いや、無理はするよ。命を削って仕事を楽しむよ。一緒に楽しもう。一瞬一瞬を」と返信が来ました。そして、前日に来たメール「明日、最高の一日を一緒につくりましょう。おやすみなさい」。22日午後9時10分に来たこのメールが、僕の携帯電話に残っている最後のメールになりました。

スタジオにも頻繁に呼んでいただいて、少し慣れてきたかなあと思っていたある時に、イントロで何かしゃべりなさいと言われ、一瞬真っ白になり、「あと何秒あるんですか」と質問しちゃったんです。すると、CM中にすごい剣幕で怒られたのです。「お互い信頼関係でやっているのだから、全てを僕に委ねなさい。自由にやりたいようにやりなさい」と。この時が、晤郎ファミリーに初めてちゃんと入れていただいたなあと思った瞬間です。晤郎さんが自分の懐に入れてくれたような。「小さくまとまるなよ」という強いメッセージだったように思います。そして、「あなたも自分の番組をやっているんだから、ちゃんと自分の声を見つけて、自分の声でしゃべりなさい」と、後々そういった大事なことも教えていただきました。

ＳＴＶホールでの9時間公開生放送がご縁で市川由紀乃さんや藤澤ノリマサ君とも仲良くなれました。そして、藤澤君は、のちに僕の歌を作曲してくれました。いろんな縁をつくっていただいたのが「晤郎ショー」。走裕介さんも、こおり健太君も、パク・ジュニョン君も「晤郎ショー」のおかげでより強い絆になりました。

17年、晤郎さんが五木ひろしさんと2人でやったコンサートも、こおり君と一緒に見て、打ち上げにも参加させてもらいました。その時に五木さんの向かい側に晤郎さん、五木さんを挟んで隣に僕とこおり君が座りました。晤郎さんがこういうふうに座りなさいと。

晤郎さんは毎週9時間の生放送が終わった後の打ち上げでも絶対力を緩めないのです！お疲れのはずなのに、皆におもてなしをしてくれるんです。頂いた物をジャンケン大会であげたり、「これは俺が欲しいから持って帰る」とか言って。楽しくご飯を食べました。

お亡くなりになる数日前の18年3月22日。ＳＴＶホールでの「明日への贈り物」のリハーサル。ホールに現れた晤郎さんはマスクをして、痩せられて、歩くのもやっと……ホール中に緊張感が漂っていました。しかし、そんな中でも徐々にいつもの冗談もぽつぽつと。そして、スタッフさんに俺の生き様をちゃんと記録しておいてね！　と。僕もスマホで写真をたくさん撮ることにしました。皆がそれぞれにリハーサルで歌い始めたら、晤郎さんは息を吹き返したようにというか、テンションがどんどん上がり、だんだん元気になってきました。

独特の空気の中で、歌手が前に出て歌う。僕がバイオリンとピアノ、ギターのシンプルな演奏で、ちあきなおみさんの「かもめの街」を歌った時です。晤郎さんが目頭を押さえて涙をボロボロ流されたんです。「歌はすごいよなあ。4小節で泣かせるんだもの。俺ね、カモメにもカゴメにも何の思い入れもないんだよ。だけど、涙が出る。いい歌だった、ありがとう！」と言ってくださいました。もしかすると、これまでの人生の、いろんなことを思い出されたのかもしれません。こういう歌仲間と一緒に最後の仕事ができて、本当に俺は今幸せだと思ってくださったのではないでしょうか。

当日の最終確認でも晤郎さんが細かく演出をしてくださいました。それにしても、あの体調でどうやって、イントロに乗せてしゃべられるのか。きっと勉強だけでできるものではなくて、やはり天性のものなんでしょうね。ちょっとお芝居っぽくしゃべったり。常に生でどこを切り取られても大丈夫なようにやるというのは身に付いたものなんだと思います。

晤郎さんは常に、どんなことがあっても対応できるようないろんなジャンルの話の引き出しを持っておられました。多くのことを教えていただきました、一番は「僕の生き様を見て勉強しなさいということ」だったと思います。今でも晤郎さんが生きていたら、きっとこうおっしゃるんだろうなと常に考えることがあります。恥ずかしくないように。

今でも心の中で生き続けていますし、これからもずっと頭の中に晤郎さんの存在があり、言葉が聞こえて来ると思います。最後の最後まで必死で生きようと頑張っていた姿は、一生忘れません。そして、これからも僕たちの心の中に生き続けてくれることでしょう！　永遠に。

松原健之さん

こおり健太《けんた》さん（37）

2008年11月にデビューし、10年1月16日、札幌のキャンペーン先のスタッフに誘われて「日高晤郎ショー」のスタジオを訪ねたのが出会いの始まりです。朝の8時から、お客さんとして普通に入り、後ろの方の席に座りました。すると、見たことのない顔なので、晤郎さんから「君、どこから来たの」と声を掛けられたのです。「歌手をしているこおり健太です」と答え、デビュー曲「口紅哀歌」とカップリング曲「さいはて港町」のCDを渡しました。すると、晤郎さんが「普通の人と違うと思った」と言って、ちょっとゲスト席を用意しようかとなり、だんだんと番組の中に入っていきました。

お昼の「サテスタ歌謡曲」が流れている間に、STVの向かい側のそば屋さんに昼食を食べに行きました。そこでSTVラジオが流れていて、「こおり健太、どこに行った。あいつ帰ったのか」と晤郎さんが言っているんです。びっくりしてすぐ、そばを残して戻ると、放送が流れている中で、「お前、どこに行っていたんだ」って。「ご飯食べていました」「そうか」って、その時は面白おかしくいじってくれたと思います。

午前中から、「こおり健太の曲を皆さんで聴いてみましょう」と言って、「口紅哀歌」のイントロで、歌に入る前にブッッと切るんです。記憶が定かでありませんが、リクエストが10万票と言ったと思うんですけど。1万でない。10万か100万。リクエストが来たらかけてやるとお客さんを幾度かあおったんです。最終的に午後4時台だと思いますが、結局CDをかけてくれました。晤郎さんが皆に興味を持たせようという遊びの中で、遊んでいるように見せて、こおりの歌をより聴かせるというのを一日使ってやってくれました。「さいはて港町」もかけてくれたかもしれません。「カモメが凍る」という歌詞があって、「カモメなんて凍るわけがないだろ」と突っ込みを入れていた記憶があります。

この日は、話すスピードは速いし、何を言っているか分からないし。ただただもう、笑ってうなずいているしかなくて。答えられず、多分、話にもなっていないと思います。2月にさっぽろ雪まつりのホール公開があるから、「スケジュールあるのか。来い」と言われました。その時は事務所のスタッフは誰も付いて来ておらず、東京の事務所に連絡したら許可が出ません。いろいろ経費の問題もあるし。諦めず社長に「これはチャンスだと思います。自分でお金を出してでも行きたい」と訴えたら、「そこまで言うなら任せる」と。結局、出演できました。あそこで断っていたら今の僕はありません。

そこから、ホール公開にはかなりの数を出させてもらいました。面白おかしく、こおり健太を聴いている人たちに印象づけようという気持ちがあってやってくれたんだと思います。すごくかわいがっていただきました。

「晤郎ショー」のスタジオにもよく遊びに行きました。逆に行かないと、携帯のメールで連絡が来ます。「いつ来るんだ」「いいから来い」「仕事の合間に、ちょっとでもいいから顔を出しなさい」と。1週間メールをしないと、「何やっているんだ」とメールをくれました。晤郎さんは返信が早い。それにまた返さないといけない。バタバタしている時には、言葉も選ばないといけないし、すごくハラハラして。どこか目上の人に対して自分からのメールで終わらせるのは失礼だという感覚がある方です。だから、こちらから終わらせないといけない。エンドレスです。「出発しますからね」と送っても……。それでも来たりしますから。逆に、こちらから送った時に返ってこないと、すごく心配になります。大丈夫だろうかと。元気かなとか。

こちらもネタ探しです。「今、長崎にいます」「晤郎さん、元気ですか」みたいな。僕自身で終わらせるようにしていました。晤郎さんで終わることはなかった。来なくなるまでやります。それを楽しんでいる感じでした。

札幌へはSTVラジオの僕の番組の収録で月に2回。キャンペーンで来た時は遊びに行きます。実はすごく気を使っていたというか、「晤郎ショー」の番組がある土曜にイベントをせず、空けていました。土曜は晤郎さんの所で時間を使うということで、北海道で土曜日を過ごし、「晤郎ショー」に行く。僕の思いで。自らのライブ、キャンペーン、イベントなどは入れず、極力ほとんど空けていました。「晤郎ショー」のためだけに北海道に来たこともあります。月の3分の1は北海道で生活していました。

出会ってからは、新曲はどこよりも先に必ず晤郎さんの所からスタートでした。「晤郎ショー」が解禁日。「歌い続けろよ」との言葉が一番残っています。「歌は歌い続けることなんだよな」「時代が呼ぶ」と。何度も言われました。

ディナーショーには毎年行きました。生前は必ず、晤郎さん優先でした。独り語りの会もそうで、この日にあると分かればスケジュール帳に入れて、そこから仕事を入れる。12月第

1日曜にディナーショーがあれば前日に入り、「晤郎ショー」に出させてもらってから、ディナーショーに。そうした段取りが続きました。そうしたことも楽しかった。

僕にとって、北海道のお父さんでした。近い所に入れてもらっていると思った瞬間があります。「晤郎ショー」のお昼休憩の時、「健太、ご飯を持ってきているのか。ないんだろう。俺はこれだけ食べればいいから、一緒に食べようよ」と、一つの弁当を2人で食べました。外から見たら、血がつながった親子みたいな。これは忘れられません。

病院で看取りました。みんなが「晤郎さん、ディナーショーやるよ」と声を掛けた時、心拍数が動く。ディナーショーという声掛けにすごい反応をしていました。最後の最後まで、この年もディナーショーをやりたいと思っていたんでしょうね。

今までは土曜に「晤郎ショー」を聴いて生活していた人たちがいます。そういう方たちが少しでも外に出られたり感じたりできるといいなと考え、晤郎さんが亡くなってからは逆に、土曜にコンサートやイベントを意識して入れるようにしています。土曜日の時間、「あのスタジオにいたよね」とか会場で思いをはせるお客さんもいっぱいいると思います。

みるみる痩せちゃったから。こうなるとは思わなかった。メールにも残っていますが、「健太、体だけは気を付けろよ」と。体調が悪かったんでしょうね。いろいろ自分でも気が付き始めた頃だったと思います。すごいショック。これからも日高晤郎さんという人を、存在をどう語り続けていくかということだと思います。かわいがって育てていただいた。言葉で励まされ、いつも笑顔で「来たのか」と迎えてくれました。

18年9月に出したデビュー10周年記念曲「歩き続けて…」は晤郎さんが残した詞に吉幾三さんが曲を付けたもので、奇跡が起きて生まれました。17年秋、10周年記念の曲の詞を晤郎さんに書いてほしいとお願いし、快諾してくださったが、生前は間に合わなかった。亡くなった日の夜、晤郎さんが寝ている所に泊まると、茅野ママと呼んでいますが、晤郎さんのマネジャーの茅野義隆さんの奥さんから電話があった。「日高さんから昔預かっていた詞が見つかったから健ちゃんにあげる」と言うのです。晤郎さんに詞をお願いしていた事情を茅野ママは知らず、偶然です。30数年前に原稿用紙に書き留めた詞は「じ・ん・せ・い」と書いてありました。すぐに東京に持ち帰って吉さんに渡し、吉さんが少し補作しながら作曲して、タイトルが「歩き続けて…」となったのです。

自分で歌おうと思ったのか誰かに提供しようと思ったのかは分かりませんが、同じ30代後半ごろか、今の僕くらいの年ごろに書いたようです。詞を読むと、裏切られたとか、生きている中で何かあったんだと思うんです。すごく共感できたし、自分のことのようにも思えたし。でも、ちょっと背中を押してくれるエネルギーもあるし。30代後半というと、「唔郎ショー」が始まった頃で、83年4月。僕が生まれたのはその年の1月。同じ頃にスタートし、生まれた。だから、「唔郎ショー」が何年間やっていたかが自分の年齢で分かり、縁を感じます。この曲はフォーク調で、みんなで歌えます。唔郎さんの魂と頂いた縁を大切にしながら、大事に歌い続けていきたい。

こおり健太さん

走《はしり》裕介《ゆうすけ》さん（46）

道産子ですから、すごい方がしゃべっているのは知っていました。北海道にいた時は、高校を卒業してすぐ、農家を手伝っていた時期もあります。トラクターや収穫機、移植機など機械を自分たちで整備する大きな倉庫があって、ラジオを流しっぱなしでいたから。トラクターにもコンバインにもラジオが付いていたので、それを聴きながら。土曜も朝から晩までかけっぱなしなので、「日高晤郎ショー」も聴く機会が多く、面白い方だなあと思いました。あとトラック運転手もやっていたので、その時も聴いていました。ずっとしゃべっているし、台本とかはどうなっているんだろうと。当時は、直接は知らないし、お会いする機会もなかったけど、すごいな、ズバズバ言われる方だなあという印象でした。

船村徹先生の弟子となり、25歳から東京というか、先生の仕事場「楽想館」がある栃木に行ったので、その後は聴けていなくて。２００９年のデビューが決まってあいさつに行きましたら、「ああ、この方なんだ。変わらず、すごいなあ」と。「晤郎ショー」にCDを持って遊びに行き、僕は客席にいた。ちょっとうろ覚えですが、本番前にあいさつをしたと思います。僕もめちゃくちゃ緊張していたから、そんなにお話しできなかった。イメージが怖い、何か言ったら怒られるみたいなイメージがあったので。CDも多分流していただいたと思います。

ちゃんとお話しできるようになったのは11年に3作目「おんなの雪」が出てからです。ものすごく密にしていただいた。この歌をすごく気に入ってくださり、「船村演歌の『おんなの宿』に共通する匂いを感じる」と言われました。その辺りからお話を少しずつできるようになったと思います。それからは、自分のSTVラジオの番組の収録を金曜にして、「晤郎ショー」の打ち合わせに来ている晤郎さんを目がけてあいさつに行きました。

「晤郎ショー」に行って、話を振られた時に何も返せないと大変なことになる。僕も最初は全然駄目で、「だから駄目なんだよ、おまえは」と言われたこともあります。「えー」とか「あー」とか言うんじゃないと。

天才ですよね。台本があるかと思ったら、ない。タイムテーブルしかない。これで1人しゃべりで20分もやれるんだと、各コーナーで。相当勉強してらっしゃるんだと感じました。言葉も出てきますし、その言葉に対しての言葉も出てきます。それを面白おかしくできたり、ぶった切ってみたり。でも、ちゃんとフォローができて、まとめちゃう。もちろん、努力はされているんでしょうけど、天才肌というか、もともと持っているスペックが違うなと感じました。何てすごいんだと思った。深い。その時々の時事ネタも使う。それを使って厳しく批判、「俺の考えはこうなんだよ」と言うが、最後にはフォローして笑いに変え、CMに行くとかしていました。その組み立ても本当に、台本がすっぽり頭に入っているんだと感じました。必ずフォローがあります。スタッフを叱る場面も多々見ましたが、最後はちゃんとフォローするんです。叱りっぱなしではない、そこもすごい。トンチンカンなことを言うと、それを拾って笑いに変えてくれることもありますが、「これは違うだろ」という時はそこで叱り、最後はフォローする。びっくりしますよね。

スタジオもホール公開も楽しいんですが、終わった後の打ち上げがまた楽しい。ずっとしゃべっています。皆でワイワイと。ホール公開は午前3時くらいに来て、発声練習して、体を起こして。僕らはリハーサルのため5時くらいに行く。晤郎さんは「どうなのよ」みたいな感じで、コーヒーを飲みながら僕らとずっとしゃべっています。本番、打ち上げもしゃべっています。料理を取り分けてくれ、ジャンケンでプレゼント。それで思った。晤郎さんはいつ黙っているんだろうと。サービス精神の部分も多少あるとは思いますが、根っからこういう性格の人かなと。

ホール公開の出演が決まった時、「何かやろうよ」と言ってくださって、8時の時報とともに晤郎さんがギターを弾いて、晤郎さんの合図と伴奏で僕が「兄弟船」をワンコーラス歌ったこともあります。ギターもうまいですよ。多分、お客さんは晤郎さんが歌うんじゃないかと思っていますが、「おー、走が歌うのか」みたいな風で。とても盛り上がった。光栄なことでした。

まず、「おんなの雪」が接点となって、「昭和縄のれん」ができた時はまた気に入ってくれました。17年12月24日のイベント「クリスマスを晤郎さんとすごそう」で、晤郎さんが「昭和縄のれん」を歌った際、ちょっと歌えなくなった場面があって、周りの人に促されて、横に立って一緒に歌ったこともあります。リハーサルもやっていないので、その場の目配せで。多分、生い立ちもあって、この歌を聴いていると、自分の親父がそんな感じだったのかなと浮かんでくるというような話をしていました。息子が亡き父を思い偲んでいる歌なので、そういう父親像が見える歌だったのかなあと思います。

晤郎さんとはメールもよくしていました。なかなか終わらなくて、返すとすぐ返ってくるんですね。

教えていただきたかったのは外郎売《ういろううり》。ホール公開の日の早朝、お客のいないホールを閉め切って、晤郎さんが発声練習でやっているのが聞こえてきました。僕もたまたま、「これをやったら面白いのでは」といろんな方から言われ、やろうかなあと思っていた。ただ、その字を見ただけで絶対無理だなと思った。まず読めない。意味も分からない。参ったなあと思っていたが、晤郎さんがやっているのを聴いて、すごいと思った。僕もちゃんと覚えて、晤郎さんに披露というか教えてもらうみたいな感じでやったら、また接点ができると思った。必死で2カ月くらい稽古を重ねて覚えた。東京でのステージで手振りを付けて披露した。それがスポーツ新聞に載ったのを晤郎さんが読んで、「見たぞ。何で、あんな大変なものをやった」と。「ちゃんとやるなら、俺が教えてやるよ」とも言ってくれましたが、結局、その機会を得ることはできませんでした。

こんなに早く旅立つとは思っていなくて……。晤郎さんが初めて「晤郎ショー」を休んだ日があります。18年2月3日です。その前日、担当ディレクターから電話が来て、晤郎さんが休まないといけないから、来られるかなと。吉川のりおさんがピンチヒッターで、僕も入らせてもらいました。東京からそのために来ました。

その前から、手術しなきゃいけないとは聞いていましたが、晤郎さんは「大丈夫だ」みたいな感じで言っていました。ところが、札幌市教育文化会館での「明日への贈り物」のリハーサルを3月22日にSTVホールでやったところ、晤郎さんの痩せ方を見てびっくりして。激やせでした。相当辛かったと思います。多分、その日にいた歌手は全員息をのんだと思います。何も言えなくなって。そんな時でも、ちゃんとギャグを用意していて、「痩せたろう、俺。大変なダイエットをしたんだよ」と。そこに多分懸けていたんだと思います。皆、晤郎さんが座った横で歌う。「バイオリン、もうちょっと泣いてくれ」「ピアノは違う掛け合わせで」などの指示もします。本当に入念にやった。午後4時から始まって、終わったのは9時くらい。バンドの部分だけですが。

そして次の日、本番の朝を迎えて、すてきな笑顔で。当日の教文でのリハーサルでも音の出し方で「駄目だよ」と言って。強い口調です。僕に対しても、「昭和縄のれん」を歌う時、「最初から強く歌いすぎるから、もうちょっと弱く歌え」と。「演出を変えてワンコーラスは座ったまま、ツーコーラス目から歩いて行ってそこで歌え」と。昼公演と夜公演の間は点滴を打って。その日の晩の居酒屋での打ち上げにも、途中で帰りましたけれども、参加してくれました。何も食べられなかったと思うんですが、ジョッキのビールを一口飲んで、「うまいなあ」と。あの笑顔が今でも忘れられません。

翌日の「晤郎ショー」の放送はすごかったですよ。それが終わって帰り、亡くなる何日か前、ディレクターさんから電話をもらいました。「ちょっと山になるかもしれない。モルヒネを打つかもしれないから、意識のあるうちに会っておいてもらいたいけど、来られる?」と。病室を訪ねて「晤郎さん」と声を掛けたら、「おうっ、どうした」と。「近くを通りかかったから来ました」「そうかそうか、この間はありがとう」。普通に会話ができ、握手をしたら、その手が指相撲になって……。ディレクターさんにも「あさって打ち合わせするぞ」と。もうちょっと良くなるんだろうなあと思っていました。

亡くなった日に東京から駆けつけ、晤郎さんにお別れに来ました。本当に死んじゃったんだなあと。今にもしゃべりそうでした。STVのスタッフ、ゆかりの人など途中まで何人かいましたが、帰った後、翌日の朝8時の飛行機まで時間があったので、岩本芳修さんと2人でずっとしゃべりました。

頂いた印象的な言葉は「ちゃんとした師匠がいて、あなたは良かったね」ですね。17年2月16日に亡くなった船村先生のことです。他にもいろんな言葉があって、「頑張り過ぎず諦めず　頑張り過ぎず怠らず」「日々幸せ感じ上手」……。そういう前向きな言葉を大切にしながら、芸の道を進んでいけたらと思います。あったかい人です。宝物が、国の宝が一つなくなったと思うくらいの芸だったと思います。とてつもなく、すごいという言葉で片付けられないくらいのものを見させて、聴かせてもらいました。

走裕介さん

徳原海《とくはらうみ》さん（55）

遠軽町で生まれ育ち、21歳の時に湧別町の漁師に嫁ぎました。娘2人の子育てをしながら33歳の時にＮＨＫのど自慢、全国歌の甲子園などのカラオケ大会に出場するほど歌うことが好きで、２０１２年12月に子育ても一段落したこともあり、演歌歌手としてＣＤデビューしました。

日高晤郎さんの存在はもちろん知っており、「日高晤郎ショー」も聴いていました。魚を外したり網を作ったり漁師は手作業が多いので、土曜は「晤郎ショー」を皆で聴いていたのです。16年3月、知り合いからＳＴＶの岩本芳修さんとご縁を頂き、いろいろな話や曲も聴いていただき、とにかく時間があったら札幌に通いなさいと促されました。2回目に伺った時がたまたま土曜で、「ちょっと付いておいで」と言われ、スタジオの方へ。午前中の昼近く、ちょうどスタジオから晤郎さんが出てきて、廊下でしたが「私、漁師の母ちゃんをしながら歌い手をしている徳原海と申します。よろしくお願いします」とあいさつし、「私の家で獲れたタコです。そして、命の次に大事なCDです」と手渡して、「時間がないところ申し訳ありません。改めてごあいさつに伺わせていただきたいと思います。本日は失礼いたします」と、2、3分の出来事でした。晤郎さんも岩本さんの後ろ姿を見ているので、岩本さんの紹介ならと話を聞いてくださったのだと思います。

STVを後にする時、岩本さんに「またちょこちょこ来るんだよ。スタジオで座っているだけで学べることがたくさんあるんだから」と言われ、マネジャーと2人で帰途につきました。高速道路に乗って、番組を聴きながら帰る途中、1時間たつかたたない頃、私の曲「北海宝船」が流れてきたのです。先ほど手渡したばかりのCDをかけていただけるなんて信じられませんでしたが、多分、岩本さんが連れてきた人だから間違いないのかなと、かけてくれたのだと思います。「漁師の母ちゃんで歌い手をやっていて、タコを持ってきたんだよ」と少し紹介して、「良い声をしているね」とちょっとお褒めの言葉を頂いて。あまりにも突然の出来事で、本当に手も足も震えが止まりませんでした。

2週間後の「晤郎ショー」の日、お客さんとして早朝から表に並びました。常連のお客さんが「この間来ていたでしょ」と言って、何時に並んだらいいか、中で座る順番もあるとか、いろいろと教えてくれました。スタジオに入る時は晤郎さんが出迎えてくれるので、「先日、失礼しました。徳原海と申します」とあいさつすると、「おー、入って入って、よく来てくれたね」と、すごく優しくて。座っている時も声を掛けていただき、また曲をかけてくださいました。

最初に伺ってから1年間くらいは、ほぼ毎週手紙も書きました。2年間で最後の方は2週に1回となりましたが、1回を除き、全部読んでいただきました。申し訳ないくらい、漁師のこと、船の上で稚貝の作業しながら聴いていること、スタジオに行けず今こういう仕事をしていることなど。晤郎さんは便せん2枚くらいに収めるんだと言っていましたが、稚貝の作業を長々と5、6枚に書いたら、最後に「訳分からない」と、話のネタ的みたいな感じで全部読んでもくれました。ものすごく応援していただいていると感じていました。

スタジオには月に1、2回くらい、基本はお客さんとして行き、晤郎さんの横にも幾度か座らせてもらいました。天然もあってトンチンカンなことを言うと、「それでいいんだ」と。すぐに返さないとリズムを壊すので、ものすごく緊張して。しゃべっている間、私ならこう答えるとか常に考えていました。「北海宝船」をよくかけてくださり、「サァサァ一杯　もう一杯」の後に入る合いの手の「もう一杯」を、マイクを上げて声をお客さんと出してくれました。

旭川のコミュニティFM「FMりべーる」に「徳原海のオホーツクの海より」という番組を持っています。晤郎さんが「パーソナリティーって、一体何だ」と話していたので、途中からパーソナリティーではなく、「ラジオのお相手をさせていただいている」にしました。こおり健太さん、走裕介さんらの番組を聴いても、「お相手は」と言っていて、リスナーさんのお相手なのだと勉強になりました。

深い付き合いは2年くらいですが、病状は聞いていました。生前最後のホール公開となった18年2月10日は、ゲストとして出演しました。ほかに嶋三喜夫《しまみきお》さん、杜《もり》このみさん、はまだ雪絵《ゆきえ》さんとの4人です。前週は緊急入院のため「晤郎ショー」を休んだ後で、見るからに痩せていて、辛そうな感じでした。前日、昼食で入った札幌市内のレストランで偶然、晤郎さんに出会い、「明日は弾けようね。弾けさせてあげるから、怖がらずにやろうね」と、ご自身の体調が悪いにも関わらず激励され、当日のステージでは、自分で心に残るシーンをつくろうとの思いで歌いました。

晤郎さんはずっと、「北の紅白をやろうな。やりたいよね」と言っておられました。せっかくのご縁を頂いたので、2017年11月に私の地元の湧別町で「オホーツク歌のステージ縁歌人」を開催しました。こおり健太さん、走裕介さん、はかまだ雪絵さん、徳原の4人で、北海道出身か北海道に縁がある歌手ばかり。晤郎さんから応援のビデオメッセージも頂きました。これが第1弾で、「オホーツク歌のステージ」はサブタイトルを変えて、勤労感謝の日を中心に開催しています。晤郎さんが亡くなった後の18年11月は「艶歌人」として椎名佐《しいなさ》千子《ちこ》さん、こおり健太さん、中村仁美《なかむらひとみ》さん、徳原、19年11月は「炎歌人」として松原健之さん、こおり健太さん、走裕介さん、徳原。この2回は、ショーの最後に晤郎さんを追悼する形で、出演者と晤郎さんとのツーショットなど思い出の画像をスクリーンに流しながら、全員で「街の灯り」を歌って偲びました。

このステージを続けているのは16年10月28日、湧別町で私の新曲発表の記念コンサートを開いたのがきっかけ。晤郎さんからビデオメッセージを頂いたお礼に「晤郎ショー」のスタジオを訪ねた際、「こういうのは続けていくんだよ」と言われたからです。「縁歌人」「艶歌人」「炎歌人」と漢字を変えていき、（20年の）今年も考えています。私は歌の世界ではまだ若手ですが、「海ちゃんの地元なんだから大将になって、ホスト役として務めなきゃ。そういう勉強をしなさい」と言われました。晤郎さんがこの世にいなくなった今、小さな町ですけど、その気持ちを少しでも受け継ぎ、語り継いでいきたいと考えています。

徳原海さん

「オホーツク歌のステージ　炎歌人」（2019年11月）
日高さんの画像をバックに、徳原、こおり、松原、走の４人で「街の灯り」を歌う

「日高晤郎ショー」は歴代、多くのスタッフや番組出演者らに支えられてきた。40年以上前、日高さんを見いだしてラジオの世界に引き入れた岩本芳修さんから始まり、それ以降、メインの担当ディレクターは数多いが、6年を超えて最も長かったのが村上安昌さん。「卓D」を務めた木村明則さんは各コーナーのテーマやＢＧＭ作りの多くを手掛けた。「サテスタ歌謡曲」の中継を22年もの間続けた石田久美子さん、アシスタントを卒業後もディナーショーの司会などでつながりが続いた奈良愛美さん、アシスタントと「サテスタ歌謡曲」の両方を経験したとついようこさん、「千客万来！笑いで繁盛！」の掛け合いが人気だったようへいさん、「日高晤郎ショーフォーエバー」を担当した吉川のりおさん。46年前からＳＴＶラジオに番組を持つ河村通夫さんは、日高さんとほぼ同時代を生き、放送の歴史や変遷も見つめてきた。８人に日高さんについて語ってもらった。

ＳＴＶラジオのスタジオで

村上安昌《むらかみやすまさ》さん（35）

「日高晤郎ショー」との関わりは2009年からで、番組のサブで働き、スタジオのアシスタント的な雑務をしたのが1年くらい。翌10年春からディレクターになって、16年6月末までの6年余りを担当しました。

土曜に晤郎さんがスタジオに来るのは、番組開始前にディナーショーの練習をするので、時期によって違います。普段は午前4時半くらいで、遅くて5時。5時を過ぎて来ないと逆に心配になる。ショーが近づくと4時前に来ていました。練習は夏場前からずっとして、その年のセットリストが決まるまでは、声出しも兼ねて前年のセットリストで歌います。基本的には練習の時はスタジオの扉も閉じて誰も入って来ないようにするが、居合わせたスタッフを実際に聴き手に置いて、その上で練習することもありました。

7、8月ごろ、バンドマスターの折原寿一さんのアレンジでオケが上がってくる。オケ録りというのがあって。それを僕がCDに焼き、そうして今年の練習が始まる。CDで何枚焼いてと頼まれます。５枚くらいかな。東京の自宅用、勉強部屋用、ＳＴＶでかけるもの。アイポッドにも入れてと頼まれ、飛行機の移動中もカラオケ音源を聴いているようです。スタジオの土曜朝は実践的な練習です。

ガラス越しの調整室で音を出して、晤郎さんはマイクを使って歌っています。ラジオの卓を使って。「晤郎ショー」のスタジオで「街の灯り」を歌うのと同じ状況で、スピーカーから音源を流してマイクで歌って、僕はカラオケと歌とエコーの調整です。

サブも音が漏れるので扉を閉めた。十何曲あるショーのセットリストを頭からずっと流す。ワンステージで、時によるが、それを2回。お客さんがいると見立てて、ＭＣのトークも含めて。僕はガラス越しなので、それに対して背中を向けて歌うが、ＭＣの部分もいろいろしゃべるので、時々サービスで僕にだけクスッと笑えるように言ってくれたり。歌は真面目に歌い、ＭＣの部分は毎回違う。本番は全く違う話をする。便宜上ここでＭＣをするという確認で、自分では体に入れているんでしょうけど、内容は本番を想定しているものでなくて、普段のフリートーク。時事ネタを絡めたり、ギャグを言ったり。晤郎さんに聞こえないが、僕が笑っているのを背中で感じていたはずです。

担当して1、2年目の頃だったかな。初代ディレクターの岩本芳修さんがディナーショーの練習の部分をずっと長くやっていましたが、途中から僕がやるという感じになりました。僕は晤郎さんより早く入る。晤郎さんが先に来ているのはよろしくないので、30分前には来た。6年余りの間は無遅刻、無欠席。4時半や4時、ディナーショーが近いと3時半には来ていた。

「晤郎ショー」の前日の金曜は、晤郎さんは10時過ぎくらいに来て、届いている手紙を見たり、必要な場合は個別に打ち合わせ、絵本の朗読のコーナーの収録。やることを全部済ませて、午後1時くらいから全員集まっての打ち合わせの後、晤郎さんはホテルに戻ります。ほとんど寝ていないらしく、どんどんモチベーションを上げてやっていると、なかなか寝付けないというような言い方でした。多分、横になっても、話したいことが思いついたりすると寝られないのでは。

「晤郎ショー」には正式な台本はなかった。進行表と、情報を書いたメモはある。こういうふうに読んでくださいというのはなかった。進行表はB4の紙で、時間とコーナー、ここでこういう話をしてという程度のこと。1時間1枚になっていて、9枚、表紙を付けて10枚。

曲はディレクターの作業する机に細長く四角い紙があって、かける曲とイントロの秒数、歌手の名前を書き、直前に晤郎さんに渡す。お客さんが来たら、その紙に書く。

コーナーで紹介する商品、どの時間に何をやるか、かける音楽・曲、中継先をどこにするかなどはスタッフが決めて、そこに晤郎さんが口出しすることは基本的になかった。決まったことに対しては、あとは晤郎さんにお任せでバーとやる。本は晤郎さんから、用意してほしいというリクエストが来る。僕の時は5冊から3冊になったタイミング。映画はディレクターが選んでいた。勉強は真似できない。週5冊に映画、テレビも結構見ていて、テレビ番組の話はしょっちゅうしていた。歌番組もすごく見て、バラエティも。若手芸人のネタとかも、クソミソに言った後に自分でやるとか。そういう笑いの取り方です。

僕自身も小学生の頃から「晤郎ショー」は知っていて、毎週ではないが、聴いていた。土曜になったら車の中でかかっていて、親が選んで聴いていたのだと思う。車の中で聴いたことのある番組を自分がメインのディレクターとして任される時は、うまくやれるかと緊張しました。関係を築けられるだろうか、怒られないだろうかという思いもあった。入社して3年目の25歳。歴代の中で一番長くやったのと、一番年の差がありました。

激しく怒られたことはあまりなかった。最初は気が回らなくて、「ちゃんと、そこまで気を回さないと駄目だ」と言われたことはありました。「晤郎さん相手で大変でしょ」「怖いでしょ」などといろいろな人に言われたけど、僕はそんな感じがなくて。逆に、すごく気を使ってくれているのが分かったから、申し訳ないなと。だから、気を使わせなくて済むように自分がそこまで気を回せるようにならなきゃ駄目だなと思っていました。

間のフリートークは、一応僕の方でこんな話があるというのは出します。例えば、こんなメールが来ていると、何通か出す。それをそのまま読んでくれることもあるし、全く別の話でやることも。手紙は自然に読む。生放送中のメールは僕が選んで。全部闇雲に置いても読み切れないので、これがいいんじゃないですか、というのを出しました。電話のメッセージのカードもそう。生のものは呼吸を合わせる感じはありました。

楽になったのは、「真面目になりすぎない方がいい。もっと不真面目でいいんじゃないか」と言われたことです。その時にくれた言葉が「誠実に、不真面目に」。一見矛盾しているようですが、真面目すぎると説教がましく、押しつけがましい放送になってしまう。だから、ずっと真面目な話ばかりをしていても9時間は駄目なんだと。真面目な話でも不真面目な話でも、一貫して変えちゃいけない大事なことが誠実でいることで、「不真面目な話をしている時も不誠実では駄目なんだよ」と。「放送やお客さんへの向き合い方は常に誠実に。でも、不真面目な時があっていいんだよ」と。誠実だけは欠かなければ、どんなに不真面目でもお客さんは付いてきてくれるし、嫌な気持ちにならない。始めて1年くらいたった頃、放送終了後に言ってくれました。

多分、自分でいい放送をつくりたいとの思いが強すぎて、真面目に、とにかくきれいに、きれいにという思いに行っていたんですね。それから結構、自由に遊ぶというか、晤郎さんに対していろんなこと、ネタをぶつけられるようになった。何をやっても、うまく返してくれる人なので、そこの信頼感も増した。こういう話はNGというのは基本的には僕はないと思っているので、それを全部受け入れてくれて、全部投げてもいいんだと思えた瞬間のエピソードです。ラジオの面白さって、そういう部分にある。「晤郎ショー」に限らず、面白いラジオ番組って、馬鹿馬鹿しい番組もあるが、多分みんなが支持している番組って根っこが誠実なんだと思う。

「風土&FOODフェスティバル」というイベントも立ち上げた。晤郎さんの発案で、北海道のマチの魅力の発信にもっと力を入れたいと放送で言っていました。ＳＴＶの社屋前にテントを立てて、「晤郎ショー」ゆかりの市町村が集まりました。12年が最初かな。形を変えたりして、「ドキドキＦＯＯＤパーク」として札幌パークホテル前に移動したりした。魅力的な特産品がたくさんあるが、発信力が弱いので、北海道の人に北海道のいい物を知ってもらうイベントをやりたいとの思いです。晤郎さんも会場に行ってしゃべり、自ら中継にも出ました。市町村から「晤郎ショー」にもＰＲに来ますが、そのたびに「もっと発信しなきゃいけない」「発信のためにうまく私を使ってください」と言っていました。共感して、仲の良い町長もいます。15年の大空町など「晤郎ショー」が丸ごと地方に行くことも幾度かありました。

芸談の独り語りの会も準備を手伝い、当日の語りにＢＧＭを入れるのも担当しました。間違えてはいけないので、音出しのタイミングは本当に震えた。微妙な間は早くても遅くてもいけない。ラジオの放送とディナーショーと語り。この３本を晤郎さんは芸人としての人生で大事にしていました。

亡くなった時はテレビのスポーツ部に行っていて、急なことでショックでした。真似できる人はいないでしょう。番組が終わるのは悲しかった。「晤郎ショー」という形でないけれど、仕事への向き合い方など教えてもらったことを僕たち若手が新しい番組に生かしていきたい。自分の仕事を全うすることが晤郎さんへの恩返しになると思っています。

村上安昌さん

木村明則《きむらあきのり》さん（60）

現在、二つの制作会社の社長を務めていますが、大学卒業後は、今とは違う制作会社に入ったんです。当時、東京などは当たり前ですが、札幌では制作会社に入ってアウトソーシング（外部委託）しながら番組を作っていくというのが始まったばかりだと思う。その当時、STVラジオでは「土日班」と言って土曜が「日高晤郎ショー」、日曜は「サンデージャンボスペシャル」をやる会社で、僕は両方を担当した。入社したのは「晤郎ショー」が8時間になった1984年です。最初は雑務のようなアシスタントディレクター（AD）的なものでした。

当時は、STV本体のディレクターがいて、ADの形で中継に行く者もいれば、サブの補助的な者、情報をやる者もいる。僕はいわゆるテープ・サブと言って、放送卓の後ろで次に出す音声や素材を用意するとか、当時で言うとレコードを探しに行くとか、そこに携わるいろんな取材を1週間の間にやる役割でした。最初の1年は、大先輩の大輪《おおわ》ディレクターがすごい感性とリズム感のある方で、音の作り方や出し方などを教えてもらいました。

それから1、2年くらいで、確か自分が放送卓に座るようになった。「卓D」と呼んでいた。他局は当時、ディレクターがいてミキサーがいて、音出しはミキサーに指示する。STVは珍しく、ディレクターも自分で操作する。日高さんとのタイミングで曲を出し、効果音を出すのはディレクター自らがやる。フロアディレクターとはインカムでつながっていて、曲を出すタイミングなどの指示は日高さんから来る。振り向きもせず、手を上げて。曲順は決まっていて、フロアディレクターが次この曲と言った時に、日高さんがしゃべりながら手で合図したら、僕がすっと曲を入れるんです。このほか、例えば、手紙の内容によって複数のＢＧＭを選んでおき、日高さんのキューで出す。単純に選ぶといっても、すごく大変なこと。

テーマやＢＧＭは僕が選び、作った。僕じゃないのは後テーマで、ジャン・クロード・ボレリーの「渚のトランペット」。大輪ディレクターが選んだもので、これにかなうものがないと思ったので。「私の本棚」のＢＧＭも僕でない。それ以外、当時関わった部分はほとんど僕です。25年間携わって離れた後、新コーナーは当時の担当の人が作ったのでしょうけど、既存のものとかは僕の作ったものがそのまま流れていました。

「晤郎の語源・雑学・縦横無尽」「音楽の散歩道」「マルちゃんのなんでもかんでも3曲クイズ」。「10時のうちあけ話」の前は「10時の内緒話」。恥ずかしいテーマですけど、「晤郎ちゃんの世界の国からこんにちは」「芸能偏見虫メガネ」(当時は芸能偏見株式市況)。過去のものでは、「言葉のビタミン」「北の出会い」「ラジオ人生講座」「ビデオグラフティー」など。鳥の鳴き声を入れたり、汽笛など音を入れたり、聴いただけでどんなコーナーか分かるテーマも。エンディングの「日高晤郎からのメッセージ」のＢＧＭも僕です。一つの曲もあるし、複数の曲のもあります。オープニングも僕が作った。「裸のガンを持つ男」という映画のサウンドトラックに入っていた音楽で、番組名を言うタイトルコールは「サテスタ歌謡曲」を担当していた石田久美子さんの声です。

問い合わせが圧倒的に多いのは後テーマの「渚のトランペット」ではないですかね。30年以上変わらなかったテーマだから。「北の出会い」や「言葉のビタミン」のテーマへの問い合わせもすごく来ていた。

生意気ですけど、最初、日高さんがどういう方なのか、よく分からなかった。すごく怒る人だなあと思っていて、おっかないなあ、でも面白いなあと。その時に優しいBGMでも流したら、オブラートに包まれるんじゃないかなあという思いもあって。最終的には日高さんらしいものになっているんですが、当時はどのコーナーというのではなく、ちょっと怒ってきているなあと感じると、優しいBGMをすっと入れた。そうすれば、何となくほんわかするというようなことを自分の中で思っていた。逆に、それがどんどん面白いとなって、優しいBGMは手紙を読むコーナーとかに特化していった。テンポのあるBGMもいっぱい持っていたけど、怒っていたら優しいのを。事前に言わず、何となく僕の勝手で。そういう意味ではＢＧＭをいろいろと選んで、音楽資料室にある当時のレコードを死ぬほど聴いた。

ものすごい例では２０００年になる時、テーマミュージックを全部変えようという案が日高さんからありました。忘れもしませんが、1日2時間ほどしか寝ないで5日間取り組み、そのまま20時間の生放送に飛び込んでいった。アニメ、テレビドラマ、映画音楽、ポピュラーミュージック、クラシック、ジャズと……全てのジャンル、ありとあらゆるＣＤを聴きまくり、このコーナーに合うとかを考えて。短いと3分、長くても使えない所が意外とある。使いたい所を何度もつないでループさせたり、切り貼りして延ばしたり、イントロが長すぎるから切ったり。工夫を重ねて、編集してはテープに落としていく作業を続けた。

タイトルを言うのは日高さんや女性アナウンサー。複数の曲をつなげることもあって、例えば、頭はすごくテンポのいい曲で、タイトルを入れた後、すっと違う曲に切り替える。日高さんは僕の作ったものに対して、すごく褒めてくれました。やるなら徹底的にと思い、夜遅くまで残り、いろんな曲を聴いて、何に使えそうかノートに書き込み、ストックをいっぱい作った。レコードやＣＤの番号、A面の何曲目のどこから使えるという所まで書いておく。見れば何かの時に使えるように。２０００年にストックがゼロになった後も何本も作った。

最初の頃は日高さんにもいろいろと怒られて、「タイミングが悪い」とか。後には絶大なる信頼を得たと思います。僕のBGMは「晤郎ショーフォーエバー」でも結構使われていました。

卓Dは司令塔なんです。外から中継や突発的なことなどいろんなものが入ってきて、交通整理をする。若い者が覚えるべきだし、この偉大な日高さんと仕事ができるのは今後の人生で絶対にプラスになるし、勉強になる番組だから、その場所を後輩に譲りました。

ホール公開で助っ人に入ることが多く、亡くなった年（18年）の2月、さっぽろ雪まつりのホール公開にも呼ばれました。歌手の歌のカラオケを出す際、日高さんから多分ここでキューが来るなというのも予想して、タイミングを図る。しゃべり続けて、これは途中で来るなと思った時、カラオケの音量をハーフ（半分くらいの音）で入れ、曲名を言ったら、オンで入れる。長年一緒にやってきて、日高さんの語りにすっと入っていくような微妙なバランスがある。終わった後に、「最高。ありがとう」と言ってくれました。

また、お遊びなんですが、日高さんが面白いことを言ったり、雄叫びのように声を張り上げたりする時は、そこに僕はすっとエコーを掛けちゃう。そのタイミングは外さなかった。

失礼なんですけど、ＣＭの前に日高さんがこれで落とすだろう、このネタで落ちるんじゃないかという所にわざとエコーを掛けて、ＣＭに落とす。「おまえ分かったのかい」みたいな感じで。日高さんは「どんどんやってくれ。お客さんが面白く聴いてくれればいいんだから」と。「キムちゃん」と呼んで、本当にかわいがってもらいました。

僕はラジオっ子で、漠然とメディアの仕事に就きたいと思っていた。でも、日高さんとＳＴＶのディレクターの岩本さん、大輪さん、この３人に会っていなかったら、多分２、３年で辞めていたかもしれない。日高さんに会って、世の中にこんな人がいるんだ、芸ってこういうことなんだと知った。芸を教えてもらいました。語り芸です。ラグビーじゃないですけど、あの当時から一つのチームというものを作り上げていた。打ち合わせの時は濃くはなく、確認程度。やはり打ち上げですね。反省なんていう言葉はない。そういう中で、「プロの意識をきちっと持て」というのは、実はアルバイトにもしみ込んでいたと思う。何をそこで学んで、次に自分がどういう意識で番組に向かって行くべきかを教えてくれたんでしょう。

僕もいい年齢だから、最後にもう一回、日高さんの番組に戻りたかったんですよ。一緒に卓の現場で司令塔みたいなものをもう一回やりたいという思いだった。でも、悲しい話だけど、次に進まないと行けないわけです。後番組は大変です。何年もかかると思います。それはしょうがないことで、いつまでもいつまでもというのでは次の発展性はありません。

作った素材は財産です。日高さんも言っていたけど、「放送は消え物」。映画とかは残るけど、放送は消えていく。だから、僕としても、ある程度残したいものがあるが、それは記憶の中に残っていればいいという部分もある。元気なうちは現役でこの仕事を続けたい。

木村明則さん

石田久美子《いしだくみこ》さん（62）

「日高さんを呼び捨てにできるのは石田さんだけ」。いつの頃からか、リスナーさんがこう言ってくださった。

「日高晤郎ショー」の中で「サテスタ歌謡曲」を担当したのは1987年から2009年までの22年間。9時間の生放送で日高さんがお昼ごはんを食べる時間、正午から30分間のコーナーを任されました。その時の季節やネタにふさわしい曲をかけ、中継先の人のリクエストの時もありました。

初めは「サテスタ」の名前の通り、さっぽろ地下街オーロラタウンに当時あったSTVラジオのサテライトスタジオでやっていました。そこが閉鎖されて外に出ての中継となり、ほとんど放浪の旅に。中継先の会社の宣伝にもなるので来てくれと、聴取率が高い番組ということもありフル稼働、営業的にも好成績でした。会社の中から催事場、お祭り会場……。PRしてほしいという所へどこでも馳せ参じ、夏場は毎週、地方の祭りに出張ということも。

コーナーのおしまいに、スタジオの晤郎さんとやりとりがあり、最初、慣れないうちは「日高さん」と呼びかけていました。ただ、いろんなことを言ってきます。突っ込みが激しく、自由で言いたい放題のおじさんでしたので、私にも言いたい放題。今ならセクハラじゃないかということも浴びせてきたんです。そんなおじさん相手に「日高さん」なんて呼ぶことはないと思って、「第1スタジオの晤郎」と、試しに呼び捨てで呼んでみたんです。日高さんファンから苦情が来るかと思いきや、何と面白がっていただいた。本人も悪くないと思ったようです。以来ずっと、「晤郎」と呼びかけることにしました。

日高さん本人が言っていたことですが、本番前と本番は神経が張り詰め、三百六十度周りのことが全て見えてしまうと。出演者のコメントも気になり、本番で直そうという気持ちがあったようで、厳しく注意することも自分の素材にする。リスナーさんの中には「こんなに言われてかわいそうだ」と日高さんに反感を持つ人もいた。そんな中、呼び捨てにするだけでなく、「本当によくしゃべるおじさんだねー」「はげてるねー。今日もおでこがまぶしいよー」などエスカレートしてため口を言うようになると、日高さんだけでなく、リスナーさんも喜んでくれたようです。

私は根がそそっかしく、粗忽者。曲名を間違えたりゲストの名前を忘れたり落ち度が結構多かったので、突っ込みどころが満載で、そんな私に厳しい言葉を浴びせることも。こうなったら格好付けず、バカでいようと。日高さんから言われる前に、「バカでーす」と自分から言うように切り替えた。その方が私も気が楽だし、周りの人が受ける「嫌な感じ」も少なくなるだろう。私は放送で日高さんが喜ぶ素材になることを心掛けました。突っ込みやすく、テンションを上げやすい。石田さんをいじめないでくださいと心配されるくらいの。でも、それも笑っていられるような。あの毒舌の矛先が1人の女性アナウンサーに向けられると、皆も気になるんです。これからどうなるの、というスリリングな感じがあったのだと思う。

掛け合いは最初は1分くらいから5分とかになり、なかなか終わらせてくれないときも。私がバカを売りにし出すと、日高さんは急に褒めだして、「お前は吹っ切れた。みんなが君のバカを認めた。バカは君のキャラクターだ」と絶賛しました。毒舌ですよねー。優秀な人ならばあらゆることを想定して向かい合うのだろうけれど、私はそんな余裕がなかったから、あるがままに、出たとこ勝負。そしてなぜか、いつもため口になる。「おじさん、ちょっとうるさいですよー」と言ったことも。日高さんがムッとしたらチャンス！「じゃあねー、ゴロー。バイバーイ！」と言ってコーナーを締めてしまう。逃げ切りです。

ただ、私が伸び伸び日高さんに向き合えたのも、何を言ってもちゃんと番組にしてくれる、面白くしてくれるという絶対的な信頼感があったから。どんどんバカなことでも、素材にして面白く料理してくれる。この番組で私は打たれ強くなりました。

自分をはっきり打ち出す分、嫌いな人もいたでしょう。私の中でも大嫌いな部分もあり、「こんなことまで言うわけ」ということも正直ありました。けれど、素材になろうと思ったからには、いい素材になりたいなと。リスナーさんが喜んでくれるならばと気を取り直す。幸い、私は切り替えが早い。そして、日高さんは引きずらない。それも良かったのでしょう。

毒舌ですが、「いつも上機嫌」をうたっている通り、機嫌はずっと良い。明るいだけが取り柄の私でしたが、日高さんはそれがいいと言ってくれていました。そういえば笑っているだけで、結構、放送上の修羅場を乗り切れた。機嫌の良い2人のやりとりがリスナーさんに伝わっていたのかもしれません。例えば、「おやじ」のアクセントが違うと言って、ひともめ。最終的にシュールで何となくかみ合わない会話でした。ところが、それが面白いと……。

私は1980年にアナウンサーとして入社し、立ち上がった時の「サテスタ歌謡曲」の担当アナが異動し、私が2代目。急きょ番組を担当した。日高さんのこともよく知らないまま、マイクに向かっていた。アナウンサー時代、「サテスタ歌謡曲」の次に長かった番組は「9時です　リクエストプラザ」（木、金曜担当）の17年で、音楽をゆっくり聴いていただく上品でしっとりした語り口の番組。早口でハイテンションな「サテスタ歌謡曲」と時期が重なっていて、「どっちが本当の石田さんなんですか」とよく聞かれ、私はもちろん、「リクエストプラザです」と答えていました（笑）。「晤郎ショー」での突っ込みがあまりに激しいので、リスナーさんから「そんなに言われて、ひどい。かわいそう」というはがきなども来ましたが、「私は心が広いから」と「リクエストプラザ」の放送で答えていました（笑）。

ただ、毒舌にさらされる自分の会社のアナウンサーに心を痛めた当時の局長から「そんなに言われて大丈夫か」と聞かれたことがあります。私は「大丈夫です。気にしていません。何たって、晤郎の話、ほとんど聞いていませんから」と答えて笑いをとり、広い心で日高さんをフォローしました。当時、掛け合いで都合の悪い時は「え、何か言いました？」と言って、おしゃべりで話を聞かない女みたいな感じも当時の私のキャラクターだったのです。

すれ違う会話がシュールで面白いとの評判ができて、晤郎の「ゴ」と久美子の「クミ」を合わせた「日高塾いちねんゴクミ」という番組も深夜にできました。その間に出産も経験し、病院から「さっき生まれました。ああ、すっきりです」と電話を入れて、この番組で録音を取ったこともあります。「晤郎ショー」も穴を開けるわけにいかないので、産休を取る際に替わることも考えましたが、日高さんが「石田しかない」と言ってそのままに。産休の間はピンチヒッターの人が交代で担当しました。

あと、エネルギーがありすぎるというか。出張で「晤郎ショー」を丸ごと呼んでくれる自治体があって、前日からスタッフ全員で入る。早朝から道東へ大型バスで向かうと、車内はまるで宴会場。ずっとしゃべり続け、皆を楽しませて、バスガイド風なことを全部1人でやって。会場に着いたら下見、宴席があって、宿に帰ってからスタッフだけでまた飲む。ほとんど寝ないままに、いつスタンバイしているのかという感じで本番を迎える。当日は9時間しゃべって、帰りも同じ感じで札幌まで。全盛期の日高さんはものすごかった。

普段の放送でも終了後、必ず打ち上げをする。後半は座るようになりましたが、当時はずっと立って、コの字にしたテーブルの真ん中で、絶妙なフライパンさばきでオムレツを作り、皆に振る舞います。最後に「大じゃんけん大会」で、東京に持って帰れないリスナーさんの差し入れをスタッフに面白おかしく配分する。そういうスタッフサービスまで終えて、「じゃ、さよなら」と帰る。帰ったらぐったりだよなあと思っていました。

この真髄を見たのが先ほどの出張の時です。「ずーっとしゃべっている、この人」と思った。プロの芸人はここまでするのだろうか？　そういえば、明石家さんまさんもそのようだとか。しゃべりの神様に愛された人間は疲れを知らないのかしら？

その後、番組を離れ、STVラジオの営業職になった時も「石田のためならやるぞ」と言って、私の提案した新コーナーの営業企画にも協力してくれました。

テレビの編成に異動してからはしばらく離れていましたが、日高さんの具合が悪いと聞いて「晤郎ショー」にダイヤルを合わせると、声に張りがなくて。何があっても上機嫌、エネルギーにあふれた日高さんの声はそこにありませんでした。そして、亡くなる前の週だったでしょうか。自分の体のことを話した後、「俺、何も悪いことをしていないのになあ」と、ぼそっと言ったのを聴きました。

昔の芸人さんは自分の体調の悪さは決して表に出さなかったとか。日高さんも自分の病状をネタにして面白おかしく伝えていました。弱々しく言った一言、「俺、何も悪いことをしていないのになあ」、つまり「何でこんなことになってしまったのだろう」ということ。多くのがん患者が自分に問いかける言葉です。「えっ、そんなに悪いの」と感じた。病状の情報が伝わって来ず、推し量るしかなかった。日高さんが構成・演出、そして司会をする「明日への贈り物」を乗り切り、1週、たった1週放送をして、休んだ後に訃報が届いた。

青天の霹靂。信じられなかった。私の中では亡くなったイメージがなく、どこかでしゃべっているような。あまりに早すぎて。日高さんの体に巣食った病魔は、番組を休んで治療に専念する猶予も与えなかったのか。それとも、日高さんがそれを選んだのか……。多分、ずっと体を酷使していたと思う。体が悲鳴を上げていたんじゃないかなって。

もっと体をいたわってくれていたら、もしかしたらがんを乗り越え、がんサバイバーとして復活。がん経験者に勇気と笑いをたっぷり届けてくれただろう。でも、日高さんにはそういう選択肢はきっとなかったと思う。毎週全力、もっと面白く。命を削って芸を究めていたのでしょう。芸人としての日高さんの道は命ではないところに集約していたように思う。

18年4月の追悼番組には、当時と同じテンションでステージに上がりました。昔、日高さんがトレードマークにしていたテンガロンハットとジーンズで。皆さん、涙涙という感じでシュンとしていたので、それを変えたいなあと。日高さんはいつも上機嫌なので、上機嫌で送ってもらえた方がいいと思った。「よくしゃべるおじさんでしたよね」とか、上の方に向かって「ゴロー」と叫んで、「その辺にいるんでしょ」とか。一緒に楽しんでいる風に……。

本当に自由なおじさんでした。才能もあり、勉強もしています。腹のくくり方が半端じゃない。本を読んでVTRを見て、原稿を考え、新聞、雑誌に目を通してと膨大なスタンバイだけでなく、神経が研ぎ澄まされすぎて寝ないで食べないで。あばら骨を骨折しても番組を休まなかった。アスリートのような芸人、しゃべり手でした。

　全盛期の日高さんとご一緒させていただけたこと、幸せに思います。今、新しいことを始めようとしている私に、日高さんは「ここまでやらないと人の心は動かせないんだよ」と語りかけてくれています。

石田久美子さん

奈良愛美《ならまなみ》さん（48）

　1995年春から1年半、「日高晤郎ショー」の第9代のアシスタントを務めました。アシスタントを卒業した後も、ディナーショーの司会のほか、晤郎さんの関係のイベントなどの時にも司会で使っていただきました。

中学生の頃からアナウンサー志望で、札幌の短大を卒業後、フリーアナウンサーの事務所に入り、イベントの司会などをしつつ、オーディションをいろいろ受けてリポーターや単発の仕事をしていました。放送局のアナウンサーも受けたのですが、バブルが弾けまくった後で、短大生ブームはすっかり終わり、4年制大学を出ていないとなかなか正社員のアナウンサーとしては採用されない時代だったんです。

「唔郎ショー」のアシスタントも、私の前任者の時のオーディションで1回落ちました。その後、「ランラン号」も受けて最終選考で不合格。本当に負け負けの人生なんです。前のアシスタントの方の任期が終わり、またオーディションがあるのを知って2回目のチャレンジをしましたが、その時も落ちかけました。ところが、受かりかけた人が同じ事務所の子で、当時「唔郎ショー」の放送時間帯に、収録した情報番組ですが、テレビにも出ていたんです。同じ曜日にSTVのテレビにもラジオにも同じ人が出ているのはちょっと都合が悪いということだったんでしょうか、私にお鉢が回ってきたんです。崖っぷちの人生で、ぎりぎりで、繰り上げ当選のような感じ。以来、20数年、STVラジオの番組を担当させていただき、お世話になっているわけですから、ありがたいですよね。

晤郎さんは厳しかったです。物事のタイミングを見ていないとか、間が悪いとか、お客様の前でバンバン怒られました。アシスタントは出過ぎず、自分から出しゃばらないという感じ。電話番号やFAX番号、お便りの宛先、郵便番号を言い、あとは元気に笑い、相槌を打つという仕事でした。多くはなかったのですが、話を振られたら答える。答えがあまり面白くないと、バッサリ切られてコマーシャルに入るということもありました。お客様から差し入れなどを頂いた時も、私がモタモタしていると「こっちに寄こしなさい」「そっちに置いて」と、たくさん怒られました。私は「はい!」「はい! すみません!」と、まず返事をするのが精一杯で。ゲストが来た時はゲストに失礼のないようにとも教えられ、「ぼーっとするな」「気を抜くな」と言われました。顔つきは変えられませんが、「いつも眠そうな顔をしているなあ」とよく言われましたね。怖くないといえば嘘になりますが、でも、どうでもいい人間には怒らないと思いますので、そういう意味では本当にかわいがっていただいて。懐に飛び込んだら、いろいろと面倒をみてくださる方です。たくさん勉強させていただきました。

目配り気配り心配り……じゃないですけど、「ちゃんと周りに対して」ということは何度も教えられました。1回すごく怒られたのは「晤郎ショー」のスタッフでトマムに旅行に行った時です。皆でご飯を食べていて、自分だけ飲み物を取って戻ってくると、「おまえ、なんで自分の分だけ持ってくるんだ。周りを見ろ、欲しい人が他にもいるかもしれないだろう。他にいませんかと声をかけろ」と。当時、私は23歳で、フリーアナウンサーの事務所には入っていましたが、社会人として定期的に毎週通う場所が「晤郎ショー」でしたので、社会人としての「いろは」のようなことを晤郎さんに怒られながら教えてもらいました。私を拾ってくれた当時のディレクターがみんなでのレクリエーションが大好きな人でしたので、こういった旅行は何度か行きました。番組の出演者もスタッフも、みんなの親睦を深めるため、アルバイトの人も含め、車何台かで行き、とても楽しかったです。

96年秋にアシスタントを卒業する時、晤郎さんから「これからは、ただのアシスタントでなくて、1人のしゃべり手として同じフィールドに立つんだから頑張れ」と叱咤激励されました。「勉強しろよ」と。その後も、STVのイベントや晤郎さんの講演会の司会などでお世話になっていたのですが、翌97年秋から、「オハヨー！土曜日」の担当になったんです。「晤郎ショー」が始まる前の午前6～8時の生放送で、前座番組です。お天気や交通情報も入れた情報番組で、新聞記事や映画の紹介コーナーもありました。毎週、晤郎さんにバトンを渡すという感じで、「この後は、ウイークエンドバラエティ日高晤郎ショーです」と言って放送が終わります。出産で休んだ時期など間は抜けていますが、20年弱でしょうか、トータルでは最近まで結構な年数を務めました。最初は男性アナウンサーと一緒に2人でしゃべっていましたが、年々スタッフも減っていき、最後はディレクターと私の2人だけでやっていた番組です。土曜の朝、晤郎さんは私の番組が始まる前から早々とSTVに来ているので、スタジオは別な所ですが、社内で会ってお話をすることもありました。

ディナーショーの司会は、アシスタントを卒業した後も続けていて20年くらいは担当しました。司会といいますか、場内アナウンスですね。「ようこそお越しくださいました」「食事をごゆっくりお楽しみください」等々。ショーが始まったら、もう晤郎さんにお任せです。終わってからは、皆様の送り出しのコメントも入れて。ダッシュで会場を移動して、2次会の司会をすることもありました。

気働き以外で、印象に残っている晤郎さんの名言の一つが「どうせやるなら上機嫌」。本当にそうだなあと思います。「晤郎ショー」のアシスタント、ディナーショーの司会、前座番組の「オハヨー！土曜日」など、晤郎さんとはつながりが続きました。頂いた言葉、過ごさせていただいた時間……これらは本当に宝物です。今でも、社会的に大きなニュースなどがあった時、晤郎さんだったら何て言うかなあと思うことがよくあります。

亡くなられた年の2月の金曜日、誕生日プレゼントを渡すため、「晤郎ショー」の打ち合わせをする部屋をのぞいたところ、1人でいらっしゃったので、「晤郎さん、無理しないでください……って言ってもしますよね」と声を掛けたところ、「無理する。俺はラジオを最後までやっていたいし」と言うんです。ちょっと痩せたかなと思っていて、とても心配でした。その後にまた入院、そして訃報。ラジオ制作現場に激震が走りました。

ご本人は未練がいっぱいだったと思います。ラジオもディナーショーもまだまだやりたかったと思います。代わりはいない、まさに「唯一無二」の存在でした。

奈良愛美さん

とついようこさん

「日高晤郎ショー」では２００８年10月から12年12月までアシスタント、続く13年1月から16年４月初めまで「サテスタ歌謡曲」の中継を担当させていただきました。

アシスタントになった時は36歳で、はっきり言って、いい年でした。それが「何にもなっちゃない」「今までやってきたことは全部忘れてしまえ」と言われ、「まず真っさらになれ」と。「サテスタ歌謡曲」に移る時には、「おまえはまだ、暴れさせない」「檻の中に入れて、俺が今いいよという時に檻から出してやる。それまでは辛抱しろ」とも言われました。アシスタントで一番叱られたと思います。ただ、今、思い巡らせば、晤郎さんという「教科書」の中で学んだことはたくさんあって、感謝しかありません。

「晤郎ショー」の当時のプロデューサーは「どさんこワイド」のリポーターにオーディションで拾ってくれた方で、恩人。その後、ラジオに来ていて、アシスタントの前任者がやめるから晤郎さんに会ってみないかと言われた時は「うそっ」と思いました。若い人しかなれないと思っていたから。プロデューサーと共に晤郎さんの宿泊先のホテルの喫茶店で会ったところ、「明日、スタジオにおいで。横で（アシスタントの早川）舞子がどれだけしゃべるかを見ていなさい。それを見て君は耐えられるかな。これだけしかしゃべられないのかと思うよ。それでも学びたいというなら、終わったら話をしよう」と。翌日、スタジオで見ていたら、無理だと思った。こんなにしゃべらせてくれないなら。断ろうと考えていたら、番組の最後に晤郎さんが「井戸っていう字があるでしょ。それをひっくり返して、真ん中にさんずいの津、戸津井と言います。次のアシスタントが決まりました。戸津井陽子です」と言うのです。びっくりしました。でも、その言い方がすごいでしょ。しゃべりの表現もすてきだなと思った。そこから地獄の日々が始まるんですが……。何をどう思って私に決めたのかは未だに分かりません。

アシスタントの4年間のうち、2年目くらいから、語りやしゃべりの朝稽古も始まった。「晤郎ショー」が放送される第1スタジオ。客席の一番前に座って、いつもの席の晤郎さんの目の前でした。晤郎さんがしゃべりの担い手を育てようと開いた「日高塾」の1人も途中から一緒で、あとは大体一対一で。稽古の内容は語りの勉強の仕方のイロハで、作家の歴史小説なども教材。森鴎外の「高瀬舟」も使った。「日高塾」には私も行っていました。

とにかく、「生意気だ」とすごく言われた。言い方、返し方とか。1年目は「性根をたたき直してやる」みたいなことを言われ、何もかもが気に入らなかったみたい。歩き方から生意気と言われましたから。もっと女らしくと。1年が過ぎて、ある時は「分かったよ。おまえが何で生意気だと俺が思うのか。おまえは女であることが悔しいから、男であろうとする。男でありたいんだって。だから、そうやって気丈に振る舞う。おまえの勇気は蛮勇だよ。蛮勇よりも必要な用心を学べ。常に刀の刃渡りをしているような感覚でしゃべりなさい」と。「一歩外に出たら、常に刀を抜いておけ」と、普段の話の中でも油断するなということなんです。

これらは朝稽古の時に言われた。この時間は一番密だった気がします。一対一の真剣と真剣がカキンカキンと。午前5時を前にして薄暗い時から始まったこともあった。1時間から長い時は2時間。めちゃくちゃ叱られると、時計を見てあと何時間、9時間が丸々残っている。何度も気が遠くなりそうになった。番組が始まる前に毎週くたくたでした。でも、晤郎さんはすごい。その後、9時間の本番をやるんですから。後にも先にも、こんなに叱られた人は、私をおいていないと思う。これだけは自信があります。叱られ、叱られて、本当に叱っていただきました。

落雷に何度も遭って、感電したような感じです。私が悪いんですけど、私が悪くない時もあります。だから、本当に「そうじゃないんですよ」と言いたいがために、これから頑張っていかなきゃいけないと思う。周りから「いじめられたね」と言われるたびに、「それがあるから今があるんです」と答えています。本気でそう思えます。

最初の頃は、「しゃべらないでしゃべりなさい」とものすごく言われた。「俺の番組のアシスタントは電話番号と相槌しか打てないんだ。おまえは今までしゃべり散らかしてやってきたから、思ったまましゃべりたいんだろうけど、そんな時間はこの番組にはない」と。頭の中でしゃべり、声には出すなと、禅問答のようなことを2年くらいは言われました。電話番号と相槌、あとは聞かれたことに一言二言。「二言以上足すな」「おまえの番組じゃない」と。「勉強しないでしゃべるから、一から勉強しないといけない」「自分から、どうとかこうとかしゃべるな」とも言われました。「出て行け」「ラジオなんかやめちまえ」と怒号が飛んだ。ようへいさんに「人間サンドバッグ」と呼ばれました。うまいこと言うなと思いました。ある時なんか、「おまえを産んだ親も悪い」と。申し訳ないと思って、夜、こっそり親に電話した記憶があります。「元気?」みたいな。

晤郎さんは1分間にしゃべる言葉の量が半端ない。11時くらいになったら、もう入らない。そんなにたくさんの言葉を浴びたことがないので、頭が真っ白になる。何を聞いても右から左で。立ち居振る舞いから何から叱られ、花瓶をちょっとそこにずらせと言われ、ずらし方に対しても。ほとんど叱られっぱなしの日もあった。最終的には「怒り芸」だとか、よく分からないことも言っていましたけど。

放送後の打ち上げでもまた叱られた。「とにかく死ぬほど気を使え」と言われた。「死ぬほど気を使うことが全部しゃべりに生きてくるから、今は歯を食いしばって聞いておけ。後で必ず役に立つから」と。まだまだですけど、役に立っています。打ち上げの場がよく凍っていました。帰ってきてほっとしたら、怒りが冷めやらないのか、お叱りのメールをもらったり。どこまでも追いかけて来る時もあった。もういいやと思ってメールを返さなかったら、「何で返さないんだ、おまえ失礼な」と。1年目くらいの時、くたくたで日曜は夕方まで起きられなかった。目は覚めても布団から起きられない。

「北の出会い」の取材では、「こんな原稿で語れるか」と、最初のうち、よく叱られました。

いろんなジャンルの人を取り上げ、ラジオ版ドキュメンタリーみたいな。アシスタントの私が取材して晤郎さんに原稿を渡し、それを元に晤郎さんが語る。原稿が拙くて人物が立ち上がってこないと突き返され、再取材もした。4年くらいやったのかなあ。原稿は縦便せん30枚くらい。パソコンのワープロは駄目で、手書きの方が人の匂いがすると言われました。

不思議なのは、私が会ってきた人のことを私以上に知っているかのように語るのです。語り手って、やっぱりすごいなと。ドキュメントではなく物語として語るので、少し誇張するようなことを言ってもご了承願ってねと前段に話しておいてと必ず言われていた。実際、そんな時もありますが、本人に電話すると皆喜んでいます。書いた以上のこと、書いていないことでもエピソードやシーンがあったり、語り出したらせりふになったり、自由自在でした。一応原稿を並べるが、見ない。想像力で語る。腕を組んで、自分の中での世界をどんどん言葉にしていく。あのコーナーは私にとって分厚い教科書になりました。

「サテスタ歌謡曲」に移っても、朝稽古は続いた。それから中継場所へ行きます。中継が終わった後、「第1スタジオの晤郎さん」と呼びかけてやりとりをしますが、ここでもよく叱られました。番組を卒業後、「お前は糸の切れた凧だ」とよく言われ、メールでも「たまに顔を出さないと、お前の顔なんか忘れちゃったからな」などのやりとりはありました。だけど、忙しさにかまけて、あまり行っていなかった。

たくさん叱られましたが、今は感謝です。「叱ってくれて、ありがとうございます」と、やっと心から思えるようになった。本当にためになったのと、晤郎さんの「教科書」をもっと分厚くしていかなくてはいけないと思った。思い出すたびに叱られます。皆はもっとノスタルジックに思い出したり浸ったりしますが。お褒めの言葉も幾つかあって、一番うれしかったのは放送中に突然、「こいつは根性ありますよ。俺がやれと言ったら、口元に出した小指を食いちぎるくらいの根性ありますよ」と言われたことです。自分の中で柱の一つになっています。

番組を卒業後、晤郎さんの生前ですが、「日高塾」の教材でもあった「高瀬舟」の朗読会を札幌で開いたことがあります。亡くなった後には、「10月21日」を「とついのひ」として、また何かをしてはという声が周りからあり、考えました。昨年（18年）は自分の中ではまだできなくて。今年（19年）は感謝とか、いろんな思いも満ちて、札幌市内のカフェで「高瀬舟」の一部を朗読しながら、晤郎さんとのやりとりや思い出を語りました。ギタリストの折原寿一さんに音を付けていただきながら。1度、晤郎さんに見ていただきたかったですね。教えていただいたことを一生かけて勉強し、血肉にしていけたらという思いで取り組み、感謝の気持ちを形にしたいと思った。叱っていただいたことが本当によかったと思えている今だから。それがあるから今があって、これからの自分があると思っています。

とついようこさん

ようへいさん（41）

芦別で生まれ育ち、高校を卒業後に上京、日本映画学校に入学しましたが、数カ月でやめて、落語家になりました。10年ほど活動して二つ目まで行きましたが、師匠と袂を分かち、2007年に北海道へ戻ることに。仕事を探している時に、たまさかの縁があってSTVのお世話になるようになりました。それには大切な出会いがあります。

知人に誘われ、札幌で開かれた神田山陽さんの独演会を見に行った時のことです。楽屋にあいさつに行ったら、山陽兄さんから前説をやってくれと頼まれました。芸人をやめたので勘弁してくださいと言ったけど、何をやってもいいからと。それで自分が何者か、ここに上げられた理不尽を嘆くといったトークを面白くおかしくやった。独演会が終わった後、とついようこさんから声を掛けられた。当時は面識がなかったが、「前説を聴いたけど、芸人をやめたって本当?」と聞かれた。「いろんな仕事を探しているんです」と答えたら、「もったいない。私、何もできることないけど、『どさんこワイド』という番組を知っている? 紹介したいけどいいかしら」と。当時、とついさんはテレビの「どさんこワイド」のリポーターをしていた。1週間後、プロデューサーから電話があった。ラジオの制作部長を含めて会い、「面白そうだから、うちでやってみませんか」と。奇跡が重なって、まだ続いている感じ。「とついさん、あの時いてくれてありがとうございます」とよく言っている。戻って間もない

2007年1、2月ごろだったと思う。トントンと話が進み、ラジオとテレビの仕事が決まった。

当時は競馬班として入り、函館と札幌の開催時に競馬場へ。STVラジオは中央競馬の実況生中継があるので、払い戻しや実況のところで入った。競馬場に常駐し、土曜は「日高晤郎ショー」、日曜は野球中継だったかな。合間に挟んで競馬中継を乗せる放送をやった。晤郎さんから「函館競馬場にいるようへい」と言われ、こんな陽気でレースは荒れていますとか。晤郎さんがいろいろ聞いてくるので答える。そして、ここからレースですと言って実況にバトンタッチする。前見せみたいな感じ。テレビは「どさんこワイド」のリポーターです。

競馬中継の前に晤郎さんにあいさつした方がいいということで、聴取率調査の祝勝会で競馬班のスタッフから紹介された。その時、晤郎さんは僕の顔を見て、「あなた、いい目をしているね。何かをする目だよ、それは」としみじみ言ってくれました。「とんでもないです。何もしてこなかった人生です」と答えたら、「そんなことないよ。これから、よろしく」と言われたことが、今も覚えている誇りの一つになっています。うれしかったですね。

競馬でのやりとりは1、2分ですが、楽しくさせていただいた。競馬は1年で、翌08年4

月からは晤郎さんに呼んでいただき、「晤郎ショー」の中で「千客万来！笑いで繁盛！」の中継を担当した。のちに晤郎さんは半分洒落で恩着せがましく言うんですが、「俺がお前とやりたいって言ったんだからな」と。

「千客万来！笑いで繁盛！」は歴代、アナウンサーが務め、初めてフリーのしゃべり手が入った。「晤郎ショー」内で3回。メインは札幌で、各地の店、イベント会場など。STVラジオがお世話になっている企業の紹介などに行く。最初は少し苦労しました。普通の中継は一応の原稿があって、その流れに沿って大体の段取りは決まっているんでしょうけど、晤郎さんの場合は全く原稿が関係ないですから、こっちが後で紹介しようと思っていたことを先に言われ、流れが変わってくる。瞬時にもう一度プログラムを組み直さないといけない。脳みそはフル回転。感覚をつかめず、半年くらいは難儀しました。そこから10年やって、本当に良い意味で僕も晤郎さんもあのコーナーでとことん遊びました。

そもそも1回ごとに7分のコーナーと決まっていたが、僕と晤郎さんになってから平均時間は多分15分くらい。長ければ22分の時もあった。一つの番組のように丁々発止をやらせていただいて。本来、現場にいるその企業やイベントを紹介するゲストが主役なんですが、その方を2、3分ほっといて2人でずっとしゃべったり、時に2人でその方をいじったり。あるいは、晤郎さんがいじっているのを僕がフォローする。この中継って、何を紹介に来たのかが分からないことも多かったかもしれない。でも、どこに行った、誰が出て何という名前の人だったかというのは鮮明に残る中継を心掛けた。だから、何の商品か分からないけど、すごく素晴らしくて、使ってもらいたい商品だということは分かった。あとは現場に行こう、あるいは電話をして商品のことを問い合わせようという、そういう購買意欲のかき立て方はできていたと思う。商品や催しものの紹介で、ある時から、おなじみの店がいっぱい出る。僕も晤郎さんも商品を紹介する前に会社や人を愛してもらいたいというのがすごくあるので。いじっているように見せかけて、会社の人、スーパーの店員さんらのキャラクターを作っていくことを心掛けた。ある時から人の紹介に比重が移っているような。

晤郎さんのおかげで僕も立ち位置が明確になり、「お前はいいよ」とよく言われました。「俺がいつも悪者になって、お前が全部フォローして、いい人になるもんな。たまんないよ」と、うれしそうに話してくれる。最後の方ではほとんど原稿は見ず、好き勝手に卑猥なことや辛辣なことを言ってきますが、「お前だったら全部丸く収めてくれるだろう。大丈夫だよな」

という信頼感みたいなものが如実に伝わってきて、とても勇気をもらえました。

晤郎さんはいつも誇らしげに、「この中継は日本一だ」「最高の掛け合いができる」「俺たちすごいよな。だって、たかだか10分くらいの1回の中継を全部活字にすると、相当に分厚い本が出来上がるぞ。それだけ俺たちは言葉をぶつけ合っているんだ」と言ってくれました。本当にそうなんです。1回の中継が終わった後、へとへとですよ。自分の引き出しを全部開けるので。それは仕事というより、最高の遊戯、大人の遊びというか。最高に楽しみながら、企業さんとかお世話になっている人に恩返しをしていたコーナーだと思う。

晤郎さんを含めてですが、いろんな人から、僕の中継って今までになかったと言われるのは、晤郎さんに対して「ちょっと待て」というようなことを冗談半分で言いながら、晤郎さんも「何だてめえ、その口のきき方は」というようなやり方をずっとできたことです。あまりにペースを乱されると、「それ後で言うから、黙ってろよ」、小さな声だけどマイクに取れるように「うるせえ、じじいだな」とか。これは何かというと、晤郎さんは時に辛辣なことをゲストさんに言うんですが、晤郎さんだっていじられるし、いじられるのを実は結構喜ぶんだという面を出したかった。この中継を「カンフーの組み手を見ているみたいだ」と言ってくれた知人がいて。「次にどんな手が出てくるか分からないが、見事にお互い、いなしながら手数を出してくる。芸術だよ」と。それを晤郎さんに言ったら、「本当にそうだよな。こんなのないよなあ」って。

ディレクターも時間が長くなるのを見込んでいるようで、15分のコーナーだと。7分で収まったことはなく、10分で収まったら僕も晤郎さんも傷ついたと思う。俺たち全力を出し切れなかったんじゃないかなと。「フォーエバー」になっても15分ほどやっていて、吉川のりおさんも心得ていてくれたと思うんですが。僕の中でも意地、矜持みたいなものがあり、中継をしっかり番組としてやるという思いが、晤郎さんが亡くなってからも強くあった。

いやあ、面白かったです。正直、晤郎さんって、機嫌の悪い時もあり、そうなると中継が来るのが待ち遠しい、中継になると機嫌がとりあえず直ると言ってくれたスタッフもいた。例えば、中継で晤郎さんがそれまでの怒りを僕に「さっきはこうで、腹が立ったんだよ」とぶつけると、僕が「晤郎さん、そんなこと言わないの。みんな頑張っているんだから」と返し、「またお前がそうやって自分だけ良い人間になるんだから、この野郎」と言いながらも、空気がまろやかになってチャンチャンというのが。僕にとっても、落ち着くという表現とは正反対にあるテンションの仕事ですけど、心が満たされる時間でした。

中継で一つだけ条件を付けさせてもらったのは、絶対座ってやらないこと。立たないと晤郎さんとの中継をできない。皆に笑われるが、ここに僕が立ったとしたら、そのテーブル二つ先くらいまで、ずっと動きながらしゃべる。体を使わないと、晤郎さんと戦えない。あのコーナーというか、「晤郎ショー」全部含めてそうですが、スポーツというか、あれに出ている人はしゃべり手じゃなくアスリートですよ、本当に。

ちょっと辛辣なことを言うと毒舌だと言うんですけど、とんでもない。毒舌なんて、ある程度の年の功と勇気とか、いわゆる知恵がないとできないもので、それがないとただの悪口になっちゃう。僕も晤郎さんも誰かをいじる時って、必ずその人に非常口がある。つまり、クソミソにいじっても、その人の得手の部分をしっかり残してあげ、遠巻きに褒めている。いじっているけど、それと相殺できるだけのプラスの面を皆さんに届けるようにと。晤郎さんはよく辛辣と言われるが、はっきり言って、あんなに気を使う人ってすごいなあと思う。

プライベートで年に1回、宿泊先のホテルの喫茶店でコーヒーを飲みながら、お話をする機会がありました。2人でいる時に僕に対し、気を使ってという意味合いで「そう思いませんか」などと、すごく立てるような話し方をする。また、僕が中継に行く新しいスポンサーに晤郎さんと一緒にあいさつに行くことがある。こんな時、「まだ未熟ですけど、こちらで何とかしますから勘弁してください」などと、自分の優位性を高めるような紹介をする人がいるが、晤郎さんは絶対しない。「ようへいの中継にお金を出そうと考えているあなたたち、すごいですよ。こんなプロのしゃべり手はいない。この天才にお金をかけるのは素晴らしい」と僕が恥ずかしくなるくらいに言う。お世辞いじりじゃなくて、本心から伝えてくれるんです。

僕はよく晤郎さんの弟子のような言われ方をされましたが、「違います」と強く否定していました。弟子の関係性で思われると、互いの中継に隙が出るような気がした。お互いに戦っているところを見せたかったし、手心を加えている感がすごく嫌だったので。だけど、やっぱり私淑し、大いに薫育されました。もちろん、あれだけ個性のある方ですから、反面教師にする部分もあるし、真似るのでなくて、あえて真似ないという私淑をさせていただいた。

ＳＴＶラジオでは「しゃかりき！ようへい商店」を担当していますが、この番組でたまに晤郎さんを偲んで話すことがあります。晤郎さんも僕もミステリー小説が好きで、２人とも米国のジェフリー・ディーヴァーという作家が大好きだった。「晤郎ショー」の本の紹介のコーナーで必ず取り上げていて、晤郎さんが亡くなってから、僕は新作が出ると、自分の番組の中で「献読」という形で紹介した。打ち合わせなどの時、ミステリー小説や映画、落語とかの話題で話せたのはうれしかったですね。この番組の前に6年間やった「Yo！Hey！サンデー！」はすごく好きで、誇りを持っていた。5時間の生放送で、「晤郎ショー」とは違う、晤郎さんがやっていないことは何かといった意味での意識は常にあった。

物心両面で随分支えられました。励まされ、勇気をもらえました。僕は自己肯定感がそれほど高くはないけれど、あの中継は間違いなく自慢できるもので、自信になっています。「晤郎ショー」のおかげで僕のことを知り、支えてくれる企業さんや人がたくさん増えた。この10年、晤郎さんと出会って亡くなった今に至るまで、本当に誇りをもらえました。人生を乗り越えられるだけの支えをもらいました。自分の信条に沿った生き方をしていきたい。落語家を辞めた時に、自分を芸人と呼ぶことに及び腰で、言うことが憚《はばか》られていた。晤

ようへいさん

郎さんが事あるごとに、僕を含めて「俺たち、芸人は」と言ってくれたことで、自信を持って「芸人です」って言えるようになった。聞かれたら、ラジオのパーソナリティー、芸人をやっています、しゃべることを生業にしています、みたいに言っています。

吉川《よしかわ》のりおさん（46）

「日高晤郎ショー」の中で「サテスタ歌謡曲」に代わって、２０１６年4月〜17年3月の１年間、「ひるノリ歌謡曲」を担当しました。この間、「ランラン号」の中継がなくなり、「ひるノリ歌謡曲」の中継場所から「もうすぐひるノリ歌謡曲ですよ」ということで、午前11時ごろから「晤郎とのりお」という新コーナーを作った。7、8分くらいのコーナーで、「今日、どこに行っているのよ」という話もあれば、全然関係ない話で終わることもあり、台本が一切ない。掛け合いですね。中継先との打ち合わせもほぼ終わって、中継の機材も全部立てた状態にして。準備段階でもうすぐ始まりますよと。これは結構、僕の中では特別な空間でした。

その前に01年4月から4年半、僕は「千客万来！笑いで繁盛！」を担当しました。それは中継に行く場所で、例えばお祭りに来ている、車屋さんにお邪魔しているとか伝えることがあるが、「晤郎とのりお」は本当に何も決まっておらず、晤郎さんが呼び掛けてから、何の話をするかが始まる。話題は「打ち合わせの時からド派手なセーターを着ていたけど、どこで買うんだよ」みたいな。そういう話から。

中継の時、周りから「大変でしょ、晤郎さんは」と言われるが、僕はめちゃくちゃかわいがってもらったので。晤郎さんは結構、生放送中に叱るイメージがあるが、僕はほとんど叱られなかった。「晤郎とのりお」は、「ひるノリ歌謡曲」の30分よりもちょっと緊張感があった。至福のひと時といったら、大げさかもしれませんが。「晤郎ショー」の中で「晤郎とのりお」のタイトルで名前を並べてもらえて、認めてくれたような気がしました。この1年がなければ、スムーズに「日高晤郎ショーフォーエバー」をやっていけなかったと思います。

「千客万来！笑いで繁盛！」は、最初は絡むのがちょっと怖いなあと思っていた。同期のアナウンサーが当時、「晤郎ショー」の中継をしていて、大変そうでしたから。入社して3年くらいで考える間もなく中継のマイクを握っていた。だけど、すぐに晤郎さんの世界に引き込んでくれて、本当に毎週楽しかった。最初はスピードが速く、こっちがしゃべっている時でも平気でかぶせてしゃべってくるので、耳が良くないと。夢中でしゃべっていると、晤郎さんが何をしゃべっているか分からないので。しゃべりと聞く耳を別々にできるようになった。

「千客万来！笑いで繁盛！」は05年10月に卒業したんですが、その後も「晤郎ショー」の金曜の打ち合わせの場所に顔を出したり、12年の特別番組「50時間56分生放送」の時に結構長く中継を担当したり、折に触れて関わりはありました。僕の奥さんは先に「晤郎ショー」のスタッフをしていて、石田久美子さんが担当していた時の「サテスタ歌謡曲」のディレクターでした。僕たちは02年に結婚したが、結婚式の来賓でメッセージを頂いた。正直、晤郎さんがいなければ、僕たちは結婚していないので、多分。うちの奥さんはディレクターになる前、「晤郎ショー」の電話受けでラジオに入ってきて、その募集がなければディレクターをやっていない。そして、当時、別の番組を担当していた僕と出会ったので。夫婦でよく言っていますけど、悔しいくらいに晤郎さんで運命が変わっているというか。

晤郎さんが体調を崩されて、18年2月3日に初めて「晤郎ショー」を休みました。その2日前、木曜の夕方にラジオの制作部長に呼ばれ、「あさってやってくれ」と。せりふとしては「断る理由がありません」としか言えなかった。「やらせていただきます」でもないし。「晤郎ショー」を晤郎さん以外がやること自体は多分、誰も予想していなかったので。本当にお世話になったので、初めて晤郎さんを助ける場面が来たという意味では「僕がやらせていただきます」ということなんですが。だけど、9時間生放送で、しかも2日後ですから、怖いですね。事前に発表しなかったので、いつもの「晤郎ショー」の午前8時になって、あのテーマが流れ、誰もが晤郎さんの声が流れると思ったところで僕の声だったので、衝撃だったと思います。

晤郎さんが事前に用意したものがあったかもしれませんが、間に合わないので、本や映画は今まで読んだ本、見た映画みたいな話をするしかなかった。でも今考えると、実質1日しかなかったので、できたのかもしれない。例えば2週間前に言われていたら、その間にプレッシャーで押しつぶされていたかもしれない。本当にやるしかないという感じ。当日、僕が朝早く来ると、スタジオに来るお客さんが結構並んでいます。皆が「のりお君、おはよう。よろしくね」と拍手で迎えてくれました。僕はその時、既にちょっと泣きそうになってしまって。晤郎さんのお客さんに盛り上げていただき、僕はみこしに乗った感じで、夢中でやった9時間でした。一人でやるというのを聞いて、走裕介さんに連絡したら急きょ飛んできてくれました。普段のゲストとして座るより、一緒に僕とやるみたいな形です。

晤郎さんからは「頑張れのりお、頑張れ俺」「ラジオは聴かないよ。それは後で感想をあだこうだと言いたくないし、全幅の信頼を置いているから」と事前にメールが来ていました。すると、放送が終わってすぐの午後5時2分に「ただただありがとう。温かい番組でした。ありがとう」というメールが来たんです。結局は聴いていました。聴かないで過ごすのは晤郎さんにとって無理だったのだと思います。

次週の10日のホール公開。晤郎さんの体調は万全でなかったんですが、何かの時のためのバックアップ要員というか、僕もその場にいました。始まる前、ホール横の控室にいた時、「のりお、ありがとう」と言われ、その時に「今後も、もしかしたら手術とかあるかもしれないから、その時は頼むぞ」、あとは「その時は日高晤郎ショーじゃなくて吉川のりおショーをやりなさい」と言われました。今考えると不思議なんですけど、もう一つ最後に「のりお、お前の言葉で浸透させたい言葉があったら、しつこいぐらい何回でもオンエアで言い続けなさい」。この三つだけを言われました。実は、その時の晤郎さんの真意は分からないんです。ご自身の体のこともどこまでかも。

ただ、そこから元気になったので、僕は3月中旬くらいまでは普通に土曜を過ごしていましたが、23日の「明日への贈り物」を観客として見た時は痩せていて。24日の「晤郎ショー」では来週戻ってくるようなイメージでしたが、その31日は無理で、再び代わりを務めることになりました。晤郎さんの体調が心配で、心配する皆さんの気持ちも分かっていたので、この先どうなっていくのだろうと。僕としては、例えば3カ月休養して僕がその間を担当するのかなどを含めて、いろんな選択肢があり、その不安があった。僕の役割としてどうなっていくのだろうと。亡くなるとは思っていなかった。31日に放送してそのまま、スタッフでお見舞いに行った。放送を聴いていたかは、僕はあえて聞かなかった。後で付き添いの方に聞くと、僕が放送で晤郎さんについて熱い思いを語っている時、晤郎さんはラジオにじっと耳を傾けていたといいます。

翌週の4月7日はSTVホールで追悼特番になった。いろんな方の声、晤郎さんの今までの名調子を聴いてもらいました。最後の発表で、「来週からは」というディレクターが作ったカンペ的な紙があって、「フォーエバー」というタイトルで「私、吉川のりおを中心としてみんなでやります」とあった。僕はその時、この日ホール公開を自分でやって、晤郎さんが背負ってきたものを初めて肌で感じ、とっさに「中心として」という表現が言えなかった。嫌だったんです。実は勝手に、「来週から僕がやります」と言ったんです。

「日高晤郎ショーフォーエバー」は「晤郎ショー」とほぼ同じ流れで、そこが一番。晤郎さんに付いていたスポンサーさんがたくさんいて、そういう方々の気持ちを無駄にしたくないという気持ちもあったので、結構そのままのコーナーで。しかも、亡くなったのが4月初めなので、第1週でもう改編が始まっています。だから、スポンサーさんやお客さんたちの思いを大切にしたいと考えて、吉川が引き継ぎました。

僕は1年間、「フォーエバー」をやって一番教わったのは覚悟なんです。「僕を中心としてみんなでやります」なんていう番組じゃないから。曖昧な表現なんて一番晤郎さんが嫌いなことです。「僕がやります」と生放送で言い切っちゃった。晤郎さんの追悼で集まってきているお客さんの顔を見て、中途半端な言い方はできなかった。

僕は「オハヨー！ほっかいどう」の木、金曜担当など他の仕事もあるので、とりあえず3カ月ということで次の週から始まった。1年もやるとは思っていなかった。金曜は午前4時に会社に来てから、放送が8時半に終わって、午後から翌日の「晤郎ショーフォーエバー」のスタンバイ。お客さんの手紙が届くので、火曜くらいからディレクターと少しずつ読んだ。この手紙の数が1年間減らなかった。もちろん、僕にというよりは、僕の後ろに晤郎さんを感じてのものです。胸を張るわけじゃないが、僕に失望していたら後ろに晤郎さんを感じないでしょうし。自分が北海道で一番のアナウンサーだと思ったことは全然ないけど、ただ一つあるのは晤郎さんの教えを一番表現できるしゃべり手だったというのは胸を張れます。旅立った今、晤郎さんが伝えたいこと、残してくれたことを北海道の皆さんに伝えられる自信はあった。手紙、メール、電話……が、吉川のりお様で来る。晤郎さんとの思い出を書いて、のりおさん、これからもお願いしますと。

10月に番組が終わるタイミングはあった。ただ、スタジオに来るお客さんの数も減らない。そうしたら、やめるどころか、野球シーズンで午後2時までだったのが午後5時までの9時間に戻すことになった。「オハヨー！ほっかいどう」は卒業し、この9時間に懸けることになった。3カ月が半年になり、半年だと思ったのが19年3月までの1年になって9時間になった。奇跡ですよね。最初の頃は週替わりでゲストが来てくれ、晤郎さんに縁のあった歌手も来てくれました。2月に言われた「何かあったら頼むぞ」「吉川のりおショーをやりなさい」の言葉だけで1年間を乗り切れた感じがします。今のところの人生の中で、一番濃い1年でした。激動で。9時間でもコーナーは踏襲して、昼には晤郎さんの対談番組「北海道五十三次」の音源を30分流した。この対談は「晤郎ショー」とは別番組で、若松勉さん、三浦雄一郎さん、原田雅彦さん……。旭山動物園の小菅正夫園長もそこで出会った。

晤郎さんって厳しいイメージを持つ人が多いと思いますが、打ち上げでは反省会を一切やらないし、「どうせやるなら上機嫌」という言葉はあの1年でより身に染みて、より楽しくやりたいと。あの1年で不思議と、土曜の第1スタジオの晤郎さんが座っていた席に座ると、僕の話し方やテンポが似てきたと言われます。何人かのお客さんからは晤郎さんが乗り移っていると言われました。僕もずっと「晤郎ショー」の中継をし、普段も聴いていたので、

吉川のりおさん

それが染みついているところもあったと思う。やはり一番教わったのは覚悟だと思います。

河村通夫《かわむらみちお》さん（72）

ＳＴＶラジオなどで互いに番組を持ち、日高さんとはほぼ同時代を生きてきました。僕は１９７４年、ＳＴＶラジオから勧められ、「河村通夫のセッセセッセと」（月〜金曜の帯の10分番組）を始め、翌75年からは深夜放送の「アタックヤング」も担当しました。その頃はまだ、日高さんは札幌に来ていませんでしたね。

日高さんとの出会いは、ある年の年末に１日を通しての特番があって、その時に僕が函館から中継をしてしゃべったら、それを受けて日高さんがコメントをしました。その特番などを通して、日高さんが「おくさま広場」をやっているのを知り、その後は、廊下ですれ違う時にあいさつするぐらいで、そんなに語り合うということはなかったですね。

僕が「セッセセッセと」の番組を受け持つ前までは、主にアナウンサーだけで番組をやっていたそうなのですが、その頃から「オールナイトニッポン」にしても、外部の人たちが出演するようになってきていました。そこでSTVも、ラジオのプロデューサーの関口澄さんが、しゃべれる人間を探して来いということで、僕にもお声がかかったわけです。そして、後々には松山千春さん、田中義剛さんらが起用されていったのです。だから、各ディレクターはいろんな人と会って、いい人はいないかと個々に探していました。しかし、いろいろと番組をやってみるのだけれども、駄目になる番組もあれば、残る番組もある。そんなことが繰り返されている中で、僕の「セッセセッセと」と「アタックヤング」は、ある程度の成績を残すことができました。そして、日高さんの番組も最初はそうでもなかったけれど、徐々に良くなってきたんじゃないでしょうか。その頃は、HBCラジオが断然と強く、STVラジオは吹きだまりなどと揶揄する人もいるぐらいで、ラジオで働いていたラジオマンの人たちとしては、悔しい思いをしていたわけです。

僕が「アタックヤング」などをやめて、美流渡《みると》(岩見沢市栗沢町)で開墾をしていた頃、関口さんがテレビの方に移り、そこでテレビの仕事の話が来ました。その時、日高さんと一緒にテレビの番組をやっていますね。大沢さんがメインの番組で、曜日ごとにそれぞれが出演し、日高さんはリポーター、僕はリポーターというよりは料理をやったりもした。そして、テレビでは少しずつＨＢＣに勝てるようになってきたから、社内が沸いてきた。うれしかったですね。みんなの心が一つになって。

日高さんと僕はテレビの仕事をやっていた時、そのテレビ番組では顔を合わせていました。曜日は違うけれど、全体の打ち合わせなどがあって、いろいろと話をしたことはありました。正直言って、日高さんのことを周りの人は良く理解できず、何だかよく分からなかったようでしたね。芸だと思えばいいんだけれど、彼は普段の行動も芸みたいな感じでやっちゃうもんだから。普段もこんな人かと思われてしまう、そんな違和感があるわけです。普通の芸人さんは普段は普段であって、芸をやる時はパッと切り替える。日高さんは何か、歩いていても芸なんですよ。本人は切り替えているのかもしれないけど。打ち合わせなどをしている時でも楽しいんでしょうね。でも、一般的なポイントとは、ずれていたりする。そのテレビ番組では当初、日高さんは数字を取れなかったようです。日高さんが偉いのは、それを受け止めて自分を変えていったことですね。

「おくさま広場」のラジオをやりながら、テレビではいろいろ試してみようということだったのだろうけれど、なかなか（視聴率の）数字が上がらない。番組の内容は、積丹などの観光地を紹介するというようなものです。日高さんの過去を深くは知らないけど、テレビのこういう経験は少なかったんじゃないですか。お客さんがどのように受け取るのか、その感覚がずれていると思いました。決して否定しているわけではないですよ。それから研鑽《けんさん》されたんです。のちに、「スーパーサンデー」というすごいテレビ番組をやるわけですから。日高さんは自分でも言っているけど、俺は売れなかったと。その延長でSTVに来ても、ちょい売れはあったけれども、テレビでもあまり売れない。それで、日高さんにしてみれば、自分の最後のチャンスの場所と思えたのが、あの改編だったのでしょう。

84年4月からSTVラジオの番組が改編されました。僕は「河村通夫の桃栗三年」を始め、日高さんは「日高晤郎ショー」が8時間に拡大して、その記者会見で僕と日高さんが主にしゃべったのですが、その時の日高さんの語りは実に溌剌《はつらつ》として印象的でした。STVラジオのこの大きな改編は、月～金曜の帯番組の「桃栗三年」を横とし、土曜の日高さんの番組を縦と捉えて、縦横の河村・日高ラインで行こうということでした。それは僕や日高さんがどうのこうのと言うよりも、STVラジオの人たちがステーションパワーを出すぞという思いが募り、機が熟しつつあったからです。だから広い心で、外部の人間を起用したのでしょうね。

昔は、僕と日高さんはライバル関係とか仲が悪いとか、周りではそう思っている人がいたみたいです。僕は番組で日高さんをなじるようなことを言ったことはありません。何があったかよく分かりませんが、それぞれタイプが違うわけですよ。日高さんと仕事をする人もいる。河村と仕事をする人もいる。だから、ディレクターたちも仕事上、日高派、河村派と自然にそうなるわけです。例えば、局内でも日高さんを苦手だと言う人だっているわけです。でも、とてもいいと思う人もいる。日高さんは嫌な奴は嫌でいいというタイプですから。しかし、日高さんは自分の世界を作るために、敵じゃないけど、そういうものがあった方が都合がいい部分もあったのでしょうね。

僕はどちらかというと、リスナーが支持してくれる、喜んでもらえることをしようという考えだから、それに同調してくれる制作者がいてくれるとありがたい。日高さんが番組で、僕の事をいろいろと言ったことはあったと思いますよ。結局、日高さんが言うから、仲が悪いんだということになっていく。彼の原動力になったのは、北海道まで来ても、目の上のたんこぶがいたということでしょうか。何とか超えないとまずいわけですね。帯番組の「桃栗三年」の段階では「晤郎ショー」は桃栗を超えることができなかったけれど、その後、それは見事に超えられたわけです。

仲が悪かったら、永遠に悪いでしょ。亡くなる10年くらい前から、番組で逆に「河村はいい、河村はいい」と言いだした。「親友だ」「戦友だ」とも。それはやっぱり、自信が付いたからじゃないですか。良い方にいじってくれました。「晤郎ショー」に遊びに行ったら、「おー、河村、来てくれました」と。仕事や用事でSTVに行って、「晤郎ショー」がやっていたら顔を出す。僕は2、3分ほどいて帰ってくる。もう少ししゃべっていいと言われれば、しゃべるし。そんなことが何回もありましたよ。昔はスタジオにそんなに行っていない。「桃栗三年」が始まった最初の頃は交流があったんですよ。僕が賞を取ったら花束をくれたりとか。その後、何かあったんじゃないかな。

10年くらい前から何で仲がいいかというと。（聴取率の）祝勝会である時、日高さんに「この前のあの話、良かったですね」などと僕は普通にしゃべる。すると河村、ちゃんと認めてくれていたんだみたいな、それはうれしそうだった。僕は「日高さんのこの辺に嫌な部分を感じるけれど、この辺を尊敬しています」と、普通に言う。そうしたら、自分のことをちゃんと見てくれていたんだと、思ってくれたんでしょうね。日高さんには、親友だとか戦友であるとか言われますが、ある意味でその通りです。結局、お互い、意識してきたわけですから。その後、聴取率は日高さんが断トツですよ。切磋琢磨されたんです。人生において、彼にとってＳＴＶが背水の陣だったのでしょう。

僕はその当時、米ぬか健康法であるとか、ラジオ番組の全国放送もやり始め、一応、小学館からベストセラーも出せて、全国的な動きもありました。それは結果的に、全国を目指していた日高さんにとっては競い合ういい材料だったのでしょうね。亡くなる1年くらい前、「互いにきちんと相手を認めて、尊敬し合っているからこそ、何でも言い合うことができるんだ」、みたいなことをラジオで言ってくれていました。

亡くなる数年前、古い映画の「勝負は夜つけろ」を見ていたら、日高さんが出てきた。田宮二郎が主役で、日高さんは事務員の役。20代で若い。その話をしたら、「俺さ、あの映画で役者を辞めようと思ったんだ」と。田宮二郎が出てきた時に辞めようと思ったという。「分かるだろー」と、そんな話をしていましたね。芸能で生きる人には、二世であるとか、歌舞伎の役者さんであれば、生まれた時からその有利な道があるわけです。そんな中で日高さんは、ニューフェイスから始まって、そこでのし上がっていこうと思ったけれど、相当の激戦区だったんですね。それでも辞めずに人に違和感を持たせながらも、なおかつ自分の世界を創り上げたのはすごいことですよ。僕は、人間にはいろんなタイプの人がいて当たり前、その一つのタイプの人という風に受け止め、多様性を認めるので、日高さんのようなタイプの人は、それはそれ。もっとも人は誰でも、自分たちの手法で生きているわけですから。

そして、お互いの番組が、個性も番組の中身も百八十度違うのが、非常に良かったんじゃないですか。簡単に言うと、それはSTVのすごさだと思いますが、河村は「日常」なんですね。日高さんは「非日常」なんです。だから、普段は漬物と冷や奴と味噌汁、ちょっとイカ刺しくらい食べているけれど、土曜はちょっとビフテキを食べようか、というような。その代わり、ビフテキが毎日だと、もたれますよ。だから、そういう意味では、日高さんは帯番組はなかなか難しいでしょうね。その辺りを見抜いていたSTVの制作者の感性は、素晴らしかったと思います。

リスナーもダブっていた。両方の番組を手がけたディレクターがいて、「土曜はやんちゃなメールをくれる人でも、日曜の河村さんの番組に来るメールではおとなしい人になっている。両方を楽しんでいるようですよ」と。僕は今のしゃべりしかできない。ゆっくりしゃべった方が皆、楽じゃないかと思うし、僕も自然体が楽ですから。しかし、日高さんは芸人を目指して来たわけですから、芸としてはいろいろなパターンがあっていいわけです。だから、彼への批判もあるけれども、例えば、漫才師が同じ事を言ったとしても、誰も文句を言わないんじゃないかな。芸人としてやっているわけで、芸だと思えばいいのに、日常として見るから腹が立つ。非日常として見ればいい。日高さんの話す意見には、人への批判的な部分で若干の違和感のある部分があるかもしれないけれど、結構、的を射ていますよ。（政治への意見も）普通、皆、びびって言わないでしょ。しかし、例えばザ・ニュースペーパーという芸人たちも同じようなことをしている。漫才師も、最近の人は批判精神が少ないけど、昔の人たちはもっと上手に皮肉って笑わせた。芸人やアーティストは基本的に、権力にこびちゃ伸びないでしょう。

日高さんの芸の毒舌の流れは上岡龍太郎、話芸は坂本九さんだと、僕は思う。あの頃、坂本さんも話芸を目指していたし、上岡さんの毒舌は絶品だった。日高さんは、その二つを混ぜた。ちょうど時期的にも合っています。自分をどう構築して行くかを考えていた時、それらを上手に自分の中で融合して、創り上げて行ったのが日高さんの芸だと、僕は分析します。

彼が80歳まで生きていたら、その時の芸を見たかった。年齢的に分かるんですよ。今までつながらなかったものが年と共につながってくるから。だから、その時の話芸がどんなものか。多分、今まで以上に、とことん泣かして、とことん笑わせたと思います。円熟すると温もりが出て来ますから。でも、日高さんの後半の人生、温もりが出ていました。最初は受け付けなかった人でも、そう感じたのでは。

心理的にライバルがいてくれるというのは、今思えば非常にありがたかった。エネルギーの源泉ですね。基本的に僕と一つ違うのは、日高さんは絶対、北海道に住まなかった。それを日高さんが言うには「俺は地方有名人を目指しているわけではない」と。全国区でやりたかったんだと思います。聴取率の祝勝会とかで酒を飲んだ時かな、彼は「俺にとって本拠地は東京で、地方芸人になるつもりはない」と僕に話し、出稼ぎとも言っていました。僕の場合は、京都から東京を通り越して北海道に来た人間ですから。地方に住んでいる人間が全国に発信するのも、それはそれでいいのではと思っています。地元でやらせてもらって、全国から声がかかればお世話になる。不思議なことではないですね。大阪の芸人さんはそうやって生きているわけですから。

僕も今年は、長年研究して来た「江戸絵皿の絵解き」の本を講談社から出版することになりました。そして、グラタン皿で作るレシピ本の出版も、全国に発信したいとコツコツと進めています。これらの本を日高さんに見てもらいたかった。それが心残りです。

生前、スタジオを訪ねて、「ぬか玄」を渡したら、ものすごく喜んでくれた。体調が悪い、手術したと聞いていたので、少しでも元気になってほしいと思って。こんなにすぐに亡くなるとは思わなかったから。もう痩せていたけれど、しゃんと背筋を伸ばしていました。

僕は今もSTVラジオで「桃栗サンデー」を放送しています。ラジオのすごさは続けることによって、グラタン皿レシピなど、どんどん進化していくことだと、改めて実感しています。そして、今もリスナーから日高さんへの思いをつづったお便りが「桃栗サンデー」に届いております。合掌。

河村通夫さん

「日高晤郎ショー」のラジオ話芸のほか、日高さんが力を注いだのがディナーショーと芸談の独り語りの会だ。ディナーショーはほぼ毎年12月に札幌パークホテルで開き、さまざまな人たちが支えた。バンドマスターの折原寿一さん、毎年新調するタキシードを仕立てた太田寛二さんとデザイナーの荒井佳世子さん、ボイストレーニングをしたゴスペルシンガーのNatsuki《ナツキ》さん……。もちろん、他にもステージを盛り上げた人は数多く、ファンも各地から詰めかけた。芸談の原点となったのは江別の釜飯店「やか多」で、社長の福見千恵子さん、会長の章さん父子にとっても思い出深い。ファンの1人でもある渋谷昌彦さんは専属のカメラマンとして、日高さんの表情を撮り続け、貴重な写真の数々を残した。6組の方々に日高さんについて語ってもらった

ディナーショーで日高さんとバンドのメンバー

折原寿一《おりはらとしかず》さん（59）

日高晤郎さんが12月に札幌パークホテルで開くディナーショーで、日高さんの歌を支えるバンドのバンドマスターを長く務めました。ディナーショーは1986年が第1回で、僕が参加したのは第2回から。その時は違う方がバンドを仕切っていて、普通にギター担当で雇われました。最初の時、日高さんはもともとギターを弾かれるので、僕がパッと弾いたら「うまいねー」と。そんなにしゃべったわけでなく、珍しそうに見ていました。

メンバーは入れ替わりがあったが、最後は7人。ギター、ベース、ドラム、キーボード、ピアノ、サックス、ブルースハープ。10年くらいはこのメンバーで固定でした。僕がバンドマスターとして、中心になって仕切るようになったのが多分、92年ごろから。アレンジは自分がやり、キー合わせから本番に移るまでの作業は変わらない。メンバーは北海道を拠点に活動していたが、途中から何人かは東京に移った。それでも、日高さんはこのメンバーでやりたいという意識が強く、わざわざ東京からも呼びます。その辺も心意気を感じます。

ディナーショーの準備は長い。曲を決める作業は3月くらいで、選曲は日高さんからバーンと来ます。4月の終わりか5月の初めには札幌パークホテル地下1階のパークラブで、私はギター1本で行って日高さんのキーを合わせ、こういう雰囲気、感じでやりたいといったリクエストを頂いた。僕がアレンジ作業と譜面を書いて、7月末ごろにメンバーが集まって、バンドで音を合わせて録音する。その場に日高さんも来て、練習の時に横で歌っています。こういう雰囲気が好きなんですね。1回練習しながら、「こんな感じでどうですか」と説明すると、「ああ、いいね」とうれしそうなんです。それで、録音して確認する。1曲ずつ、その繰り返しです。この音源をCDに落として渡し、それを日高さんは聴いて8月ごろから、「晤郎ショー」が始まる前の早朝のスタジオで自分でずっと練習します。

面白いエピソードが一つ。キー合わせをして、「桃源郷」で食事をご馳走になった後、メンバーへのメッセージをお願いし、スマホで動画を撮った。テレビやラジオの人って何秒かに収めるのにこだわる。「60秒、90秒?」と聞くので、「時間は関係なくお好きにやってください」と言ったところ、要らない所を切ってメンバーにメッセージを送ったら、ぴったり90秒だった。「すごい」と日高さんに言ったら、翌年から時間を気にするようになって。スマホに向かってしゃべっては「今。何秒だ」。「ちょっと足りなかったですよ」「うーん、じゃあもう一回」とやりとりが続く。そういう子供っぽい面もありました。

当日のリハーサルは朝から。本番は夕方なので、本来、昼に集まればいいが、日高さんが早起きすぎるので。以前は昼夜2回あって朝からリハーサルだったけど、夜1回だけになってもその名残りで、朝8時に集合は変わらない。ただ、日高さんは早いから、8時に来たら怒られます。皆、どんどんどん早くなって、7時ごろに来るが、前日からホテルに泊まっている日高さんは会場を走り回り、腕立て伏せとかをしています。誰もいない会場でランニングシャツ1枚で。僕らはちょっと早く来てセッティングして、コーヒーでも飲んで落ち着こうと思っても、日高さんがしゃべってくるから、仕事が進みません。おしゃべりタイムが必要なんですね。「昨日、晤郎ショーで一睡もしていない」などと「寝られない自慢」もよくしていました。最終的には、朝早くからで終演後の打ち上げも全員出ろと言われるものですから、「泊まらせてください」と言いました。すると、前日と当日の宿泊が実現したんです。

普通のリハーサルは1曲終わって確認する。日高さんはそうではなく、カラオケの曲順になったものをずっと聴いて、それで自分のMC、トークも入れてリハに臨んでいるから、ほぼ本番と同じ感じで練習をやりたがります。我々は夏に録音して以来で、全く覚えていないから、普通だったら少し音合わせをしたいが、日高さんはそれが嫌で。だから、僕は何日か前に夏にやった時のCDをメンバーに送り、それを聴いて思い出しておいてと伝えておく。ゲネプロに近い状態で、どうしても確認したい所があったら止めてもらう。トークは本番ではまた違ったことをしゃべります。リハは長く、11時すぎまでかかりました。それでも1曲ごとに、「いやあ、寂しい、寂しい」と言うんですね。毎日練習してきたのに、終わりに向かっているみたいな感じで。

録音する時、ミュージシャンってフィーリングでやる時もあるので、それを日高さんは何カ月もずっと聴いて練習しているから、たまたまフィーリングでやったフレーズを覚えています。「あのフレーズやってくれないの」と聞いてきて、こちらが「えっ」と。誰よりも聴いて覚えちゃっているから、「ちょっと違うんじゃないの」と言われ、それで結構、みんな困った時がある。その辺も最後の方は慣れてきて、分からないようにやっていました。

その後、夕方からの公演まで長い休み時間があって、食事したり、部屋で休んだり、街に出たり。そして、夜も長い。3階のパークホールでの本番の後、お客さんとの2次会、3次会はスタッフだけで下のパーククラブで。最後に日高さんのスイートルームで4次会。終わるのは深夜未明の2時、3時ですね。翌朝は、宿泊したお客さんの「モーニングコーヒータイム」にも出なければいけない。それで、10時半か11時すぎくらいにやっと解放されるんです。でも、年末の年中行事になっていて、楽しいですよ。面白かった。

ほとんどの曲は最後は音を切って締める。日高さんは割とエルヴィス・プレスリーとか早い曲が好きで、プレスリーを真似してバッと跳びたがるんです。メンバーのリハで「ここ跳ぶから」と、譜面に「多分とびます」と書いた。本番中、実際に跳ぶと、メンバーがクスッと笑いを交わしたりもしました。五木ひろしさんの曲で「違った風にやりたい、全然変えて構わないから」と言われた時は、アレンジを変えすぎてしまったようで、本番で本人が分からなくなり、歌えなくなったこともあります。「何の曲だっけ」とイントロを止められ、曲名を言ったら「歌い出し何だっけ」。この時は2回やり直しました。

バンドをすごくかわいがってくれました。普通のバックバンドではなく、日高さんの場合は皆でやるんだという感じで。「俺はしゃべりはプロだけど、音楽は素人なんだ。足りない部分で皆の力を借りたいんだ」と。だから、いつも「助けてくれ」「助けてくれ」と言います。

あの日高さんにそんなことを言われたら、こっちも「よーし」という感じにだんだんなってきて。日高さんは自分と同じ道を歩く人にはすごく厳しい。我々は違う所にいるじゃないですか。ミュージシャンは特に、1人ずつ屋号を持ってやっているから。年は違いますが、1人の演者として認めてくれていました。

最後は決まっています。晩年の最後の何回かは「つづれ織り」をやって「街の灯り」。アンコールで1曲何かをやって、最後は「マイウェイ」。すごく好きなのはプレスリーとフランク・シナトラ。あと美空ひばりさんで、昔は「愛燦燦」「悲しい酒」も歌ったことがあります。こうした歌で演歌のギターの弾き方は日高さんから教えてもらいました。今、こおり健太さんのコンサートでギター1本の演奏をしますが、全部日高さんの教えが生きています。それ以前は、ギタリストとして大好きなジャズをはじめ、ブルース、ラテン、ファンク、ロック、ポップス、フォークと幅広く弾いたが、演歌は仕事として譜面に書かれていることをただ弾くという感じでした。テレビ番組の「スーパーサンデー」にも呼んでもらいました。伊奈かっぺいさんが来た時は、ギター1本を持って来なさいと言われ、我々がしゃべっている時にBGMを適当に付け、最後に「悲しい酒」を歌うから弾いてと。テレビの生放送で弾かされ、鍛えられました。

17年12月24日の「クリスマスを晤郎さんとすごそう」の打ち上げの後に行ったお好み焼き店で、「来年のディナーショーで、これをこうやろう」というような話もしていて、本人は18年12月もショーをやるつもりでした。病状にも触れ、来年1月に手術をするという話もしていました。僕は「明日への贈り物」にも演奏で参加していて、3月22日のリハーサルで会った時、あまりの変わりぶりにびっくりしてしまって。日高さんは自分の現場には誰よりも早く来て腕立て伏せをしていたのに、時間になっても現れない。スタッフさんに付き添われて来ました。歌手の方も含め、皆で「えーっ」て。何も言えなかった。本人は「俺は君たちにどういうふうに見られているか分かっている」と、ガンガン来るんですよ。「遺言だと思え」とかって。いつからこうなったんですかとスタッフさんに聞いたら、2週間前は普通だったといいます。人前に出られるレベルじゃないと思ったのですが。

日高さんの現場以外では通用しない言い方なんですが、「今日は命を削ってください」とよく言われました。「芸人はお花をもらうのは弔い花。命を削ってステージを燃焼して1回死ぬんだ」と。それで弔い花の意味で花をもらう。1回1回、打ち上げでちゃんと締め、生まれ変わって次に向かう、みたいなことです。だから、打ち上げを大事にする。ラジオやテレビにも呼んでもらって、面白い体験をたくさんさせてもらいました。

オンオフがすごい。多分、そうやって、自分を高揚させていたのかもしれません。それを周りに広げ、こちらも「よーし」という感じになる。日高さんなりの美学なんですね。ストイックさと、終わったら思いきり打ち上げを楽しもう、みたいな。打ち上げに出ろと言うのも、同じ板（ステージ）で共に闘った者同士で気持ちを分かち合い、話も聞いてほしいんですね。「これ良かった?」「良かったですよ」「どういう所が良かった?」、「こんなのどう思う?」「面白そうですね!」「じゃ今度やってみよう」……と。

30年の付き合いで、ディナーショーはいつも12月の第1日曜と決まっていたから、今でもこの日曜日になると思い出します。楽しかったなあって。このステージからの景色が素晴らしかった。皆さん、ペンライトを振っていて、立ち上がって拍手をしてくれます。日高さんはとにかく、一生懸命に何かをやっていました。飛び切り上機嫌に、気持ちよく。

折原寿一さん

太田寛二《おおたかんじ》さん（79）

日高さんが12月に開くディナーショーのため、毎年新調するタキシード作りを任されていました。30年余り前、生地の問屋を通して日高さんの事務所から依頼があったのが始まり。私が仕立てをして、初めはデザイナーもスタイリストも違ったが、間もなく荒井佳世子さんとのコンビになり、ずっと続いてきました。荒井さんからラフなデザイン画が来て、それを基に型紙を起こし、仕立てる。ディナーショーの仕立て屋は完全に裏舞台ですね。

衣装作りは採寸が7月の終わりから8月、仮縫いが10月の第2土曜のそれぞれ「日高晤郎ショー」放送後と決まっていた。納品はディナーショーの10日前、11月の第3週くらいで、12月の最初の日曜が本番となる。日高さんは過去のことはあまり振り返らない。今日のステージが最後だというようなことを常に言っていました。初めは昼夜の2公演があり、公演ごとにステージ衣装は違って、2着を用意した。毎回、新たに作るので、増えていく一方ですね。亡くなった後は、若手の歌手などにあげたようです。

見事なのは30年間、バスト、ウエスト、ヒップがほとんど変わらなかったこと。筋肉がすごくてマッチョな俳優のシルベスター・スタローン、アーノルド・シュワルツェネッガーのような感じで、胸は逆三角形で筋肉が動く。採寸や仮縫いの時にパンツ1丁になるから、すごいんだよね。彼自身も言っていたけど、バストがある割には、お尻が小さい。今でも寸法を覚えているけど、バストは常に102センチ。普通の人だと、筋トレでもしていない限り、バストが102センチあったらお腹周りも100センチ近くある。肥満体になる。ところが、ウエストは83センチしかない。ヒップは100センチなんです。普通、丈の差はあっても、お尻回りはバストのプラス2センチ。鍛えているという話はラジオの番組でもよく聴いていましたが。最後にタキシードを作った2016年の時も変わっていなかった。

採寸は番組終了後にスタッフと打ち上げをする場所で、ちょこちょこと5分くらい。メジャーで測っている最中、よくしゃべるので、「ちょっと日高さん、仕事をさせてくれ」と言いたくなるくらい。肩の肉の付き方は山勘じゃ駄目で、独自の細かい採寸の仕方がある。そうなると、あまりしゃべられると神経が散漫になる。一切無視して、やることはちゃちゃっとやる。「黙って」とは言えず、ほとんど会話をしたことはない。メジャーを当て、全部で

24カ所を細かく測る。バスト、ウエスト、ヒップの横だけでなく、縦の寸法もある。ジャケットの上着は肩で着るんですが、アームホールの寸法とか。さらに、肩の左右に6カ所、ズボンが股下、裾口など。こうしたサイズはほとんど変わらなかった。

仮縫いは白い生地で、実物が分からないように。ディナーショーでの生地はほとんどシルク。アイロンの熱と水分で加工できるウールと違って、シルクはアイロンの操作ができないので、型紙を起こして裁断するのが勝負。出来上がりのイメージがこの生地で仮縫いできていないと駄目なんです。元の型紙を確認して補正する。改めて実際に使う生地を裁断した後、縫うのは長年付き合いのある職人さんにお願いしていた。その職人さんも最近亡くなってしまったが……。体に当てて着せ付け。10分くらい。ほとんど直す所がなかった。採寸と仮縫いは荒井さんと2人で行き、納品は荒井さんがします。

初めはどうやろうかと。それに流行がある。30年前は上着はダボダボの服がはやり、それなりに大きい服を作った。だんだんと細身になって、体にぴったり合わせるようになった。基本的なスタイルは変わらないが、歴代の衣装を並べたら、かなり変遷がある。

当日は朝から、リハーサルを見に行っていた。通しのゲネプロです。昼ごはんを「桃源郷」

でご馳走になり、一度帰る。そして、夕方に日高さんが部屋でシャワーを浴び、エレベーターで降りて控室に入る。その時に初めて、タキシードの出来上がりを見て、着せ付けをする。だから、おっかないんですよ。絶対、事前にどんな衣装かを教えるなと言うんです。ズボンをはいた段階でマネジャーの茅野義隆さんから入っていいよと言われ、そこで初めて着た姿を見るわけです。現場には私と荒井さんと茅野さんの奥さんの美千代さんがいます。

1回だけズボンのウエストの寸法が大きくて、ベルトをしたら、ちょっとしわが寄った。これが嫌だから、せめて1週間くらい前に着てほしいんですが。荒井さんがあちこち寄せながら、何とか目立たないようにしました。

そういう主義なんですね。着るのはステージが始まる15分くらい前。怖かったですよ。あいうステージは衣装が勝負ですから。絶対着こなしてみせると言うんです。着こなしていただくのはいいんですが、こっちは寸法が体に合っているかどうか。筋肉マンですから、すごく難しい体なんですよ。衣装を着て、すぐにステージに上がって漂う緊張感が何とも言えない気分なのでは。喝采を浴びるというイメージです。本人なりの哲学をお持ちでしたから。

私は病気で車椅子の生活になって6年目。裁断は立ってやる仕事だが、2年ほど前から長い間立っていられなくなった。1着を裁断するのに休み休み1日掛かるようになり、細かい仕事ができなくなって。ポストポリオという病気で、60歳前後から麻痺が進行し始めた。今は全く仕事ができず、作業場のある自宅2階への階段も登れない。30歳で独立し、自宅兼用で「メンズアトリエ　OHTA」を掲げてきましたが、(2019年)5月に正式に廃業届を出しました。

初めて車いすを使うようになった時、日高さんに「こんな体になっちゃったけど、どうだろうね」と話したら、「いや、構わない。作ってくれさえすればいいんだ」と言ってくれました。車いすになって作ったのは3回くらい。車いすで行っても、わずかな時間でも立って採寸と、簡単な仮縫いの着せ付けはできていた。最後になった16年は、今よりはよかった。

放送で日高さんはよく言っていました。芸人と我々一般とは一線を引くんだ、プライベートには立ち入らせないと。私が気を使ったのは、彼の前ではあまりしゃべらないこと。いい服を作る使命感みたいなもので、それ以上のことは踏み込

太田寛二さん

まなかった。タキシード作りで30年間続いたのは多分気に入ってくれていたのだと思っています。何かあれば一発で切る人ですから。急な訃報でびっくりしています。あの辺りが芸人の生きざまでしょうか。

荒井佳世子《あらいかよこ》さん（61）

日高さんのディナーショーのタキシード作りに携わったのは、仕立てをする太田寛二さんの2年後くらいからです。それから30年弱の間、太田さんと一緒に取り組みました。日高さんとの仕事は上から下まで全部セットで、デザインとスタイリスト的な感じでした。私はデザイナーの仕事を40年やっていて、今は「スージーパーカー」の専務として、ＹＯＳＡＫＯＩやチアダンスなどの衣装を中心に手掛けています。

前任の方はディナーショーを見ないで作ったみたいですが、私はショーを一番隅でいいから見せてほしいとお願いしてスタートしました。実際に着た衣装がどう見えるのかを知りたかったのです。当時、昼夜に公演があって、2公演を通して見ました。以来、ショーはずっと見ています。初回は事前にショーを見られなかったので、こんな感じでという相談のほか、1、2回目に作られた衣装があったので、それを参考にしながら作りました。

最初に仕上げた昼公演、夜公演用の2着は今も記憶しています。当時のステージ衣装は光ったもので、1着は紺で、手ビーズ、竹ビーズなどを使った総ビーズ。もう一着は白で、ビーズなども使った。竹ビーズは長くて、切り口がスパッとしているタイプで、それをびっしり使い、胸、背中、腕の所と、もう全部です。胸などは半分くらいに付け、かなり重たかった。ビーズは全てシルバーで、明るめの紺色に差していた。生地は普通のマットな素材で、ビーズでテカテカでした。白の方はコード刺繍といって刺繍系の柄を入れて、所々にスパンコールなどを入れていたはず。ビーズとかもライトが当たると光ります。

ショーのステージ用なので、どうしても見栄えのするもの、光る衣装が多かった。歌手の美川憲一さんの影響とか、そういう時代の背景的なものもありましたね。グレーの衣装の時には、襟の取り外しができるのが面白いと提案して作ったことがあります。ただ、ショーの場合、固定されていないと落ち着かないということで、急きょ縫い付けました。当日のことだったので、冷や汗ものでした。

12月の本番に向けて、私自身は6月ごろから大体スタートし、半年か5カ月くらいかけて進めます。まず、マネジャーの奥さんの茅野美千代さんと、今年の流れでどんな色にするかなど事前の打ち合わせ。採寸と仮縫いは太田さんと一緒に行って、私が日高さんの事務所に納品します。その際は、ポケットチーフやアクセサリーなど衣装に付随する物についてもう1回打ち合わせ、再度何かが必要であれば、ぎりぎり2日前までに用意するという段取りでした。

日高さん本人は出来上がるまで、どんな色なのか、デザインなのかを一切知らないでスタートします。仮縫いの時に何となく、形をアバウトに見ていただくだけ。出来上がった衣装は納品の時も見ておらず、マネジャーの方が当日用にセッティングをして、現場に運んでいく形です。日高さんに会うのは採寸の時からですが、すごくかまをかけられます。「今年、どんなの」「今年の色は」とか。皆、言わないように口を閉じています。「前年はこんな色を付けたよね」「今年、こんな感じで行こうか」などとも話しかけてきますが、「いやー」「いやー」

という感じでかわして、分からないようにします。日高さんも本当に知ろうというより、冗談のような雰囲気で、その場をなごませていただいた感じですね。とても気さくにしゃべってくださる方でした。

当日はリハーサルの後、本番直前に衣装合わせ的に着ていただきます。その時点で服に対して思いを入れるみたいな意識なんでしょうか。着た時に今年の衣装はこれかと、こういうふうに見せようかとお考えになっている感じはありました。ただ、着るまでは、太田さんと2人でいつも、ドキドキして待っていました。むしろ、本人が一番不安だと思うんですが。サイズ感としては太田さんをすごく信用していただき、出来上がったものに対しては「今回、こんな感じね」みたいなスタイルで。衣装に対して文句を言われたことはありません。私たちはこうした関係で成り立っていました。

とてもすごいのは、何を作っても着こなしていただけた。そういう意味ではスタイルも体格も良かった。サイズはほぼ変わらず、維持されていたのです。芸談の時には着物、着流しを着るので、ちょっとウエストが太くなったとしても、ディナーショーにはまた戻してこられた。そういう意味では、とてもプロ意識が高い方でした。

日高さんは黒とかシックな物も合いますが、すごくきれいな色の方が似合います。ピンク、薄いブルー、パープルなどですね。逆に、グレーとかですと地味になる。グレーで作った時は、「何か違ったね。もっと派手でもいいね」と言われました。特に、ピンクはすごくお似合いで、赤とかバキッとした色も結構いい。白は間違いない。とても気に入っていただいたのがオフホワイト、クリームっぽい感じに、下の方からぼかしが柄で入ったものでした。

アンコールの時に衣装を替える際は、こういう曲の流れでこういう感じにとか、ベストを着ていようかとか。アンコールでは割とジャケットを脱いで、シャツだけとかになります。シャツ類はうちで製作までやっていました。タック、いっぱい装飾が入ったビーズとかも。柄物シャツはオリジナルで加工をかけ、蝶ネクタイやベルトなども手作り。フルで用意しました。

日高さんは「日高晤郎ショー」のスタジオで放送前の早朝、ディナーショーの練習をしていました。本番のようにMCも入れて、曲を通しで歌うのです。後年の10年ほどは、ディナーショーの全体像を見て衣装を仕上げる参考にするため、太田さん、美千代さんと一緒にスタジオに行き、目の前で観客として聴いたことがあります。懐かしいですね。

普段、健康管理に相当気を使っていられた方なので、亡くなったのはショックでした。私にもとても気を使い、打ち上げの時も声を掛けていただいた。ディナーショーが1年の締めのような仕事になっていましたので、12月になると、当時のことが思い出されます。

荒井佳世子さん

ディナーショーのタキシード作りなど衣装を担当した（右から）荒井佳世子さん、太田寛二さん、日高晤郎さんを挟んで茅野美千代さん（2015年）

Ｎ《ナ》ａｔｓ《ツ》ｕｋ《キ》ｉさん

Ｎａｔｓｕｋｉさんは２０２０年３月13日、がんのため急逝しました。49歳でした。生前の19年10月９日に取材したものです。

晤郎さんとは節目節目でつながっていて、自分の力というよりも不思議な力、ご縁を感じます。私がＣＤデビューした２００４年の２月28日。「日高晤郎ショー」の放送の中、晤郎さんの還暦のお祝いで歌わせていただいたのが出会いの始まりでした。午前８時の時報とともに、晤郎さんへの「ハッピーバースデートゥーユー」を歌いながら、スタジオに入ってきてくれる人を探していると、当時のディレクターさんから依頼されました。普段は時報が鳴ったら、いつものメインテーマが流れますが、その時は私がいきなりスタジオに入り、３人のコーラスと４人で。晤郎さんはご存知ないサプライズです。普通に「ハッピーバースデートゥーユー」「晤郎さーん」と歌ったと思います。晤郎さんが「えーっ」と、のけぞってびっくりされて。その後、「えー、どういうこと、これは」と。

私もお名前は知っており、妹のパートナーも大好きだし、しょっちゅう番組を聴いていました。周りにファンが多かったですね。好き嫌いがはっきりされた方なので、何か怖いなあとも思いながら、土曜のラジオを耳にしていました。

晤郎さんの誕生日の時の放送は毎年、仕掛けが結構あちこちにあって、例えば天童よしみさんのメッセージとか、突然ゲストが来たりとか、サプライズが頻繁でしたね。ただ、この年はオープニングに、無名の私が出てきたので、さすがの日高さんもびっくりされたのでしょう。お客様も初めてでしたし。アカペラで入ってきたので、拍手が起きました。この日はそれで終わりで、すぐ帰りました。コーラスの人みたいな感じで。歌った後にパーと引いていく演出でした。そこでは会話はなかったと思います。

その後、周囲からナツキさんはこういう人だって多分聞いてくださったのか、5月の「晤郎ショー」のホール公開に出てほしいとオファーが来ました。早いんですよね。晤郎さんはエルヴィス・プレスリーの大ファンで、たまたま私のデビュー曲が「CRYING IN THE CHAPEL～涙のチャペル」というプレスリーの曲のカバーでした。それがまた「僕も大ファンなんです」となり、「デビューはこれからなんです」と言うと、「5月のホール公開に来ないか」となったわけです。3月末から4月にかけて米国・サンフランシスコで桜まつりがあってCDを持っていく時で、タイミングが良く、とてもラッキーでした。桜まつりは2週間のイベントで、ゴスペルシンガーとして初めて招かれ、デビュー曲を歌いました。ホール公開などでは、私は結構、いじられてばかり。音楽事務所を経営している私の母は晤郎さんに気に入られ、「お母さんも一緒に座りなさい」と言われました。それ以降も、ホール公開に数回呼ばれています。

06年12月の晤郎さんのディナーショーでは、「ちょっとお客さんを驚かせてくれないか」と頼まれました。15人から20人くらいのゴスペル隊を引き連れて、派手な格好で「オー・ハッピー・デイ」1曲を歌いました。ゴスペルファンなら誰でも知っている曲で、「天使にラブ・ソングを2」でまた一躍有名になったおなじみの曲です。ショーの途中、サプライズみたいな演出。私のゴスペルチームで、「ブライトサッポロ・コミュニティクワイア」と言うんです。

07年に2枚目のCDを出して、私自身のディナーショーを開く時には、激励のメッセージをきれいな紙に書いて、ボイストレーニングに来られた時に手渡してくれました。「ワインは幸せをもたらし、音楽が幸せを倍増してくれる。葡萄が熟し、〝芳醇〟と姿を変えるように、練りあげたなつきの声が、〝芳潤〟な響きをもたらす。なつきは今豊かに熟した。味わうべし―良質なワインを楽しむように、その〝豊潤〟な歌声を」。晤郎さんも私も好きなワインを歌声に掛けてくれて。達筆で、ありがたい言葉でした。

その後のホール公開に出た際、私の歌っている後ろ姿を見て、「この人に習いたいと思った」と言っていただき、07年4月から私の事務所のスタジオでボイストレーニングが始まりました。レッスンは1時間半。この時間を1人の生徒さんにマンツーマンというのはすごいこと。

まず、ブレスコントロールといって、鼻から息を吸う感じでお腹にためてくださいという所から始める。ためてから、自分の目線の所に、先に針の穴とかなんかの穴を見つけて、そこに細くスーと息を出してみてほしい。歯と歯の隙間から一定の強さで。これをやると、大体、20秒行ったら大したものなんです。晤郎さんは最初10秒くらいで、「できない」「悔しい」と言われました。コツをつかめばできるんですよ。

歌手になるために45秒と、自分の師匠によく言われていました。生徒さんを教えたら、肺活量のある人で30秒行く人は稀ですが、大体最初は20秒くらい。ところが、晤郎さんは「悔しい」と言ってから本当に早くて、1カ月ちょっとで45秒をクリアしました。負けず嫌いなのでしょう。1分25秒まで行きました。神業というか。これを朝昼晩やってくださいと、皆にお願いしています。声を出さなくてもいい練習なので。自分のベストなタイムを見ておけば、調子の悪い時はどこか力が入っているのが分かるのです。

いろんな生徒さんを教えていますが、「習得率が自分の教え子の中では、3倍だ、努力の方だ」と晤郎さんに言ったら、すごく喜んでいました。それを番組で「褒められた、褒められた」と。そこでは「僕は褒められると伸びるんです」と言っていました。「褒めてください」といつも言うのです。他の生徒さんにも同じことを教えていますが、練習してこないとか……多いので。晤郎さんはすごいと思いました。「ちゃんとやっています」と言っていただけのことはある方です。

ピアノのスケールを使った発声練習で、私がピアノでタタタタターンと弾いて、それも限界があります。すると、「悔しいー」。だんだんと上がっていく。いろんなスケールがあり、難しくなっていく。「できない！」。時々、晤郎さんの様子を見ながら、今度はもう少しここに山を持ったものをつくろうとか。できるようになった時の後って、また違う形態になると自分のウイークポイントなども出てきます。

真剣。自分に甘くない。本当に悔しがっていました。最初、のどだけで歌っており、筋肉は鍛えていたので、体の力を抜くという所が歌い手とちょっと違っていました。だから、スタートラインは結構辛かったと思います。違う所に力が入ってしまう。首の周りや肩に力が入り、のど声で歌っていました。歌い手にとって、9時間話して、最後に歌を聴かせるのはあり得ない。

歌い手にとっては、しゃべることが実はロスなんです。晤郎さんにも言いましたが、「僕はしゃべることが大切なんです」と。そういう時は体を筒にして、例えば「そうなんだよね」「そうなんだよね」と（声を大きく上げていき、実演しながら）ミッキーマウスのような感じで、疲れたらこういうふうにしゃべっては、と伝えました。体を筒にすることが少し分かってきた時に、晤郎さんは「のどが疲れなくなった」と。のどだけでなく、お腹で支えて、体を使う。少し観念的ですが、毎回レッスンでやった。ラジオで「ナツキさんの発声をやってから、のどが疲れなくなりました」と言ってくれました。

3年以上は続けてくださいとは言いました。ボイストレーニングは1回習っただけでうまくなると勘違いしている人が多い。どんな生徒さんにも言いますが、3年は最低やってもらいたい。晤郎さんもはるかに超えてばっちり、受けられました。最初に来た時から「歌は習わない」とはっきり。それは自分でできるからと。声の出し方や体の使い方、あくまでボイストレーニング。最初はディナーショーに向けて。その後、のど声でしゃべっていることをレッスンで言うと、普段のしゃべりも体を筒にして、のどで支えるのではなく、体で支える豊かな声を出せるようにできるといいですね、と取り組んだわけです。

レッスンは大体、毎週木曜日。初めはディナーショーが終わった後の1月からスタートしていました。13年ごろまでは、欠かさず通ってきて絶頂期。14、15年ごろから、だんだん4月からお願いしますとなったり、1週休んだり。16年1月くらいまで続きました。

「晤郎ショー」の最後で「街の灯り」を歌い終わった後、私がメールでひと言感想を報告することが何年も続きました。「今日は、ここの所が良かったですよ」などと送るんです。9時間話して、時々怒ったり。怒るという作業が自分には負担と言っていました。そういう時にも頑張って歌った時には涙が出たものです。

レッスンが終わった後も、メールはよく来て、亡くなる3日前にも「頑張っています」とありました。教えているというより、逆に学ばせていただいたことが多かったですね。

Natsuki さん

福見千恵子《ふくみちえこ》さん（69）　章《あきら》さん（91）

千恵子さん（千恵子）　35、6年前でしょうか。「日高晤郎ショー」のスタジオに「やか多」の釜飯を出前で持って行ったのが始まりです。STVラジオを聴いていた私の友達から「今、晤郎ショーで出前してくれる所を探しているから、持って行ったら無料で宣伝してくれるよ」と電話が来ました。すぐに番組に電話をかけると、岩本芳修ディレクターが出て「江別からですか」と言うので、「釜は毛布にくるみ、冷めないので大丈夫です」と答え、車を運転して出前を持って行きました。服装が出前の雰囲気じゃなかったのか、晤郎さんから「出前の方ですか」と上から下までじろじろ見られて。廊下から「どうぞ」と言われて、スタジオの中に直接渡しに行ったんです。その時に放送で「やか多」の宣伝もしてくれました。それから度々、出前をして、打ち上げの時にも食べられるようにたくさん持って行きました。遠いけど、毛布でくるめば温かい。後援会の「新吾」をつくる時も、発起人のような感じで呼ばれ、「新吾の集い」にも結構行きました。出前はもちろん、無料です。だって、放送の中で度々店のことを言ってくれて、すごく宣伝してくれるんだから。お金を頂くわけにはいかない。

章さん（章） 大きな宣伝料を払わないといけないくらいです。晤郎さんと行くツアーで沖縄に行った思い出もあります。

千恵子 そのうちに芸談をやるということで、岩本さんが「場所を探している」と言うので、「やか多」は「和」だし、「2階はお座敷だから、ここでどうですか」と話したら、「面白いね」って、すぐに決まった。名称は「やか多会」として、この第1回は1985年3月に開かれた。出し物は「紺屋高尾」でしたね。ラジオでも呼び掛けて、前もってチケットを売り、たちまち完売。お客さんはびっしりでした。

章 50人しか入らないところを押し込んだから、60人くらいかな。

千恵子 終わってから、晤郎さんを囲んで皆で食事会をしました。晤郎さんも着替えて、釜飯を食べ、お客さんの所を回りながら懇談していましたね。やか多会は4、5回やったでしょうか。毎回満杯で、第1回は新聞記者やカメラマンがたくさん来ました。床が抜けるかと思うほど人が入りましたね。「やか多会」に来た人は札幌での本番にも、皆行きました。ここは前座みたいなものだから。晤郎さんが「やか多」を芸談の原点と言ってくれているから、うれしいです。

章　いろんな話も丁寧に聞いてくるし、こっちの話も丁寧に受けてくれた。行儀のいい、良い芸人でした。尊敬できたのは物覚えが早いこと。素晴らしい人だなあと思った。

千恵子　3年前、「やか多」の創業50周年のお祝いにアルバムを作って両親にプレゼントしました。これを見ると、旅行や孫、家族のスナップ写真などがある中、「やか多会」の模様なども多く、父母の人生の1ページの中で晤郎さんの部分も濃いと思いました。

千恵子　スタジオに遊びに行ったことはたまにあります。「最後までいなさい」と言われ、打ち上げにも何回か参加しました。私もお店があって、なかなかスタジオに行く回数もだんだん減って。北海道新聞に晤郎さんの「私のなかの歴史」が連載している頃、釜飯を持って行ったことがあります。2017年2月、「晤郎ショー」の中継で、「やか多」とスタジオをつないだ時に晤郎さんと話したのが最後でした。晤郎さんの誕生日祝いにちなんだサプライズの中継。晤郎さんがかつて芸談をした2階の場所で、吉川のりおさんが浴衣を着て芸談をやったような格好した写真を撮ってスタジオに送り、「晤郎さん、今、目の前にいる人、誰だか分かりますか」と呼びかけたのです。晤郎さんはすぐに「やか多」と分かり、「ここが原点なんだ」とまた言ってくれて。そして、「やか多でもう一度芸談をやりたい」との言葉に対し、「そうですね」と答えると、「浴衣を着て、やか多会でなく、ゆかた会にしようね」と。昔の私ならすぐに行って打ち合わせをするんですけど、いろんなことがあってモタモタしていたら、亡くなってしまって。私もやりたいという気持ちはすごくあったけれど、当時、自分は一杯一杯の状況で。急に亡くなるとは思わなくて、とても悔いが残っています。

第１回やか多会（1985年３月）

福見千恵子さん、章さん

渋谷昌彦《しぶやまさひこ》さん（56）

札幌学院大3年の時に受講した北海道文化論という特別講義で、北海道のテレビやラジオのメディアに関する話があって、その中で日高さんが紹介されていた。きっかけはそこです。「日高晤郎ショー」のスタジオに通い、ファンから始まって、写真撮影の追っかけになり、後年、その写真を認められて専属になったような形です。

ラジオに興味を持つのは当時の学生としては自然の流れで、最初は日高さんと関係なく、好きな落語がラジオで流れるのを集中的に聴いていた。当時、「晤郎ショー」の中にも「STVホール名人会」といって落語のコーナーがあり、その流れで前後も聴くようになって、どんどん面白いと思うようになった。落語とともに、「晤郎ショー」を聴くようになり、大学の特別講義で取り上げられたので、一層興味を持つようになったんです。

写真は高校生の頃から趣味で始めた。父が写真好きで、職業カメラマンのおじさんが依頼を受けて子供の運動会や結婚式の写真を撮りに行く人だったので、影響を受けたと思う。

大学を卒業後、写真を生かせる仕事ではなかったが、札幌で就職し、1989年から「晤郎ショー」のスタジオに通うようになった。その時、ごく自然にカメラを持って行ったんです。客席のひな壇の後ろの方に座り、事前にスタッフに写真を撮っていいですかと断りました。最初は午前10時くらいから行き、昼くらいに帰ったけれど、面白いので、可能な時は最初から最後まで。当時、会社はまだ、2週目、4週目しか土曜が休みでなくて、毎週は無理でしたが、普通にファンとして結構行きましたね。当時、本番中は写真はやめてと言われ、CMや落語などの録音ものが流れている時に撮りました。

被写体は日高さん。人物写真の指向だったので、表情を撮りたかった。駄目だと言われながらも、本番中の真剣な表情も撮りたいなあと思っていた。後年、日高さんから専属のカメラマンのように言われ、夢はかないましたが。当時は他のお客さんと一緒ですから、一ファンとして通う日々が続いた。専属のカメラマンになったのは晩年の5年くらい。それ以前は、ディナーショーや独り語りの会は当然撮れませんでしたが、バザーや抽選会、講演会などのイベントの時に行って撮りました。番組も好きだし、被写体としての日高さんにも魅力があった。あれだけ本音というか、我々の言いたいことをストレートに代弁してくれる人はなかかなかいません。それだけに、そういうことをしゃべっている時の表情とかも見逃すべきじゃないなと自分には思えた。皆さんもよくおっしゃるんですが、とにかく笑顔が良かった。結構、きついことも言うのですが、でも何かやっぱり、その中に本当に優しさがあって言っているんだろうなあ。あの笑顔を見ていると、本当にそう思いますね。優しさがあって怒っているんだと。だからこそ、怒っている時の表情も、この人は愛情があって本当に怒っている顔なんだから、きちっと撮っておかなければと思った。

スタジオや講演会、バザーなどでの写真は、終わった後にプリントして日高さんに持って行きました。日高さんは写真を気に入ってくれているみたいで、ある時、「いい写真を撮るんだから、君だけは絶対、いついかなる時でもカメラを手放しちゃいけない」と言ってくれて。通い出して5、6年たってからでしょうか。名前も聞かれ、覚えてもらって。番組宛てに手紙も結構出していて、「君が渋谷君か」みたいな感じで。せっかく自分の写真がいいと言ってくれているので、趣味で続けた。私設カメラマンみたいな。自分ではそう思っていた。

専属になるきっかけは2011年12月のディナーショーで、本当は駄目なんだけど、ラストですごく良い顔をしていて、撮ってしまった。フライングで撮ったので、日高さんには見せないでおこうと思っていたんです。ディナーショーのテーブルに座ったお客さんに頼まれて撮った写真もあり、翌週の「晤郎ショー」のスタジオで配っていたら、日高さんから「俺の写真はないのか」と言われ、見せざるを得なくなって、でもすごく気に入ってくれたみたいで。翌年のディナーショー用のパンフレットとポスターに使ってくれました。そして、翌年のショーから当日の写真撮影の依頼が札幌パークホテルから来るようになったんです。ディナーショーと独り語りの会が主で、あとは「晤郎ショー」のホール公開、「明日への贈り物」、五木ひろしさんとのショー、ステージイベントなども依頼を受けて撮るようになりました。

このディナーショーの写真から全てが始まった。撮った写真は「晤郎ショー」の始まる前、主催者にデータで渡すのとは別に、プリントをフォトブックにして日高さんに直接渡しました。日高さんがおっしゃったのは「究極のアマチュアを目指してくれ」。要するに、プロになっちゃうと、いろいろ縛りとかが出てくる。立場はアマチュアだけど、写真を撮らせたらプロに負けないみたいな。日高さんも「自分自身の目指しているのはそこだから」とおっしゃっていた。プロになるとスポンサーさんを喜ばせなければならないという所があるから、自分の美意識を曲げなければならないこともある。アマチュアなら自分のやりたいことを追求できる。これが日高さんの言い方なのだろうと思いました。日高さん自身も「そういう縛りがなくて、自分のやりたいことを突き詰めていくことが目標だから」とおっしゃっていた。カメラマンをやらせてもらいながら、たくさんのことを教えてもらいました。

独り語りの会やディナーショーの時は丸1日の拘束という形で、バイト代は頂いた。単発です。セブン‐イレブンとのタイアップ商品「皆のシュー」と「じゃがビー」のポスター用写真、雑誌用の日高さんの写真なども依頼されました。マイナンバー用の写真も撮りましたが、いつもお世話になっているので、恩返しみたいな気持ち。ディナーショーなど自分の写真が人目に触れるような形で残っていることの方がありがたいですね。

20年くらい前でしょうか、札幌のホテルのロビーで一度、写真展を開いたことがあります。「笑顔」というタイトルで、日高さんの写真も含めて、自分がいいなと感じたいろんな方たちの笑顔を集めました。

亡くなって年月が過ぎ、日高さんの記憶が一般の人の中から、どんどん薄れていくのが嫌でした。寂しがって後ろ向きになっていると、日高さんに怒られそう。「おまえ、俺が教えたこと、何も覚えていないのか」みたいな感じで怒られそうで。

早かった。最後の1カ月くらいで急速に痩せました。それまでは首筋を見たら、ちょっと痩せたかなあとは思っていましたが。ハイネックのセーターを着ると分からないので。多分、本人も気にして、そうした服を選んだのかもしれません。18年2月10日のホール公開の時は、そんなに気にならなかった。誕生日を祝った2月24日の「晤郎ショー」の時も、よくよく見ると首筋はちょっと痩せている感じはあったけど、顔自体は気にならなかった。早すぎました。

個人的な欲としては、写真で食べて行ければと思う。だけど、プロになったとしても、心はアマチュアのままで、それこそ日高さんがおっしゃっていた「来週は今週よりももっと面白くします」。自分の場合であれば「今日撮った写真よりは次撮った写真はもっと良い写真にしてみせます」。写真は絶対やめないと思っています。

渋谷昌彦さん

専属のカメラマンになるきっかけとなったディナーショーを撮った1枚
（2011年12月）

日高晤郎さんのファンは道内各地だけでも数多い。土曜日にあったはずの「日高晤郎ショー」が消え、あのスタジオの熱気も手紙の宛先も失われた。ファンそれぞれに悲しみと思い出が交錯するともに、日高さんと歩み、重ねてきた人生がある。長年の熱烈なファンの中から、５組の方々に出会いや思いなどを聞いた。

74 歳の誕生日を祝う。
「日高晤郎ショー」のスタジオでファンやゆかりの歌手らと共に
（2018年２月24日）

佐藤勝《さとうまさる》さん（70）
菊池慎二《きくちしんじ》さん（69）　久子《ひさこ》さん（68）
名寄市風連町

菊池慎二さん（菊池）　昔から日高晤郎さんのファン。ラジオファンというか。

佐藤勝さん（佐藤）　農家だからラジオを聴きながら農作業をして、土曜も聴いていたら、随分うるさい親父がしゃべっているなあと。それが「日高晤郎ショー」でした。勝手なことを一日中しゃべっているという、最初はそんな印象で。当時、風連町に風連もち米生産組合があって、毎年暮れに札幌の道庁や農協関連の機関などに鏡餅を持って行った。１９８７年も12月最終週の金曜に各関係機関を回って、遅くなるので泊まった。翌日の土曜朝になり、せっかく札幌まで来て、ただ帰るのはもったいない。ラジオでうるさいことを言っている人がいるから、その「晤郎ショー」のスタジオに寄って行こうとなった。これが始まりです。スタジオにいたのは午前の2時間くらい。まだ高速道路がなくて5時間くらいかかるので帰ることにし、当時、もち米生産組合の組合長だった堀江英一君が「また来年、もちつきに来ますから」と言ってスタジオを出た。いや、「今度」と言ったのかな。

菊池　来年とは言ったけれど、月までは言わなかった。堀江さんは1年後の12月ごろと思って言った。その時はワゴン車1台に8人くらいで。町から2人。農協1人、もち米生産組合から何人か。私はたまたま役場の担当だった。

佐藤　私はもち米生産組合の役員だった。車でラジオを聴きながら国道12号を走っていたら、番組の中で晤郎さんが勝手なことを言うんですよ。「新年が明けたら、風連の皆さんがもちつきに来てくれることになりましたので、皆さん、楽しみにしてください」みたいなことを。本当に晤郎さんは口から出任せだものね。何の約束もしてないのに。「来年」というのは、我々は1年後の同じ時期の12月ごろのつもりなのに、晤郎さんは年が明けたらと言ってしまった。それだと1週間後の話ですから。公共の電波で言っちゃったもんだから、抜き差しならない事態となって。役場も農協も上司に報告して、それからてんやわんやで。どういうふうに何人で行くから始まって。いきなり言われたって。大変なことでした。

菊池　とりあえず、役場の私と先輩が復命を書かなくてはならず、もちつきをするかしないか、まずそこから決めないといけない。そこで、言い出しっぺの堀江さんを呼んで相談したら、堀江さんは「やるべ」とすぐ決断した。３人で町長の所に行って経緯を説明し、実施が決まった。農協にも行き、婦人会など話が大きくなった。

佐藤　それで年明けの1月2日ですから。町が持っていた大型バスで1日に風連を出発して、前泊して。20人以上はいた。元旦から大挙して出かけた。

菊池　困ったのはホテル探し。まして元旦の晩なんてどこが空いているんだろう。何とか、分散して宿を取れました。

佐藤　当時、そんな経験は全くないし、ラジオに出るのも皆初めてだから。考えられないくらい大がかりな段取りをして行った。町長も農協組合長も、町挙げて行ったようなもの。ＳＴＶホールのステージ上に並び、晤郎さんから紹介を受けて。

菊池　３臼ついたはず。きなこもちのほか、あんころもちにもした記憶がある。日高さんの独壇場で「はい、並んで並んで」と始まって、お客さんにステージに取りに来てもらう。

佐藤　その中で、町長がまた要らんことを言った。さっぽろ雪まつりの会場で、風連のもちを30俵分まきたいと。1カ月後です。帰ったら30俵のもちをつかないといけない。

菊池　次の週から毎週ＳＴＶに通ったが、もちまきは駄目で、配布だったらいいとなった。

不特定多数の人に配るので、許可を得るのに関係機関を回って大変でした。

佐藤　30俵となると、臼と杵を30基くらい用意しないと間に合わないので、貸してくれるよう全町に呼びかけた。当時の町福祉センターの大ホールでやった。給食センターで米を洗って、それを福祉センターに運び、蒸かし上がったら人海戦術で交代しながらついた。高校生を含め、町民100人くらい集まったかなあ。大ホールがもちの蒸気ですごくて、もちの良い香りも充満した。あの熱気たるや、後にも先にもない。紅白2個の丸もちで1パックで、大変だったのはこのパック詰め。人ではとてもやりきれないので、当時、農協の青果センターにあったアスパラをトレイに載せて梱包する機械を借りた。そのもちを当日まで冷凍保存するのも大変。今と違って施設がないので、小樽にある冷凍会社のトレーラーを1台借り上げて、そこまで運び、冷凍して雪まつりに備えた。流れ作業で、1日でやった。

菊池　1万5千人分くらいあったはずだよ。雪まつりに風連の人が行って手渡した。

佐藤　聞きつけた札幌にいる風連出身の方々も応援に来てくれた。あの時は町民一丸となってやった。もちつきから始まって配布まで。

菊池　雪まつり会場でのもち配布は3年間やったと思う。

菊池　「晤郎ショー」のホール公開でのもちつきは、89年の2回目が昭和天皇の崩御とぶつかって、中止となった。

佐藤　この年は雪まつり会場でのもち配布だけでした。ホール公開でもちつきがなかったのはこの年だけで、30年間続けた。正月とさっぽろ雪まつりの時の2回はずっと。ゴールデンウイークのホール公開などにも行ったことがあり、10年くらいは年3回行ったと思う。

菊池　臼と杵はＳＴＶで用意してもらって。

佐藤　風連を出発するのは夜中の12時で、高速道路が延びてからは午前2時に。日帰りで、前泊したのは最初の時くらいだろうか。番組が8時からで、11時台につき始める。段取りが必要で、前の晩に洗った3臼分のもち米を食缶（容器）に入れて持って行った。札幌に6時ごろに着き、水を切って蒸かす。正月はふうれん特産館の切り餅も配布し、朝、会場に入ってくるお客さんに1パックずつです。

◇◆◇◆◇◆◇

佐藤　もちつきは7、8人のもちつき隊で。いつも3臼。15分くらいで一気につく。

菊池　分担を決めて、私はもぎり役。素手なので必ずやけどする。

佐藤　私はつく役。ほかに、きなこをまぶしてトレイに載せる人などで、スタッフの皆さんが配ってくれる。ついている音をマイクで拾って、何人かがインタビューを受ける。もちをつく間、晤郎さんは我々をいいだけいじって、お客さんを笑わせた。ただ、必ず「もちの風連」と言って大事にしてくれました。認知度が広がった。固定メンバーでは菊池さんと私は1回も欠かさず。あとは、都合のつく人みんなに連絡して、いろんな方々で。札幌在住で応援に来てくれる人もいて、オール風連でした。

◇◆◇◆◇◆◇

菊池　風連町には99年、町100周年記念事業で「晤郎ショー」を丸ごと持ってきた。

佐藤　トークショーでも来ている。89年は旭川までJRで来て、風連からバスで迎えに行った。初めて晤郎さんが来るので、どうお迎えしようかとなって、生寿司が好きだと聞きつけて、町のバスの座席を一部外して、寿司台のコーナーを造った。風連の「天勝」の寿司職人が握った時、晤郎さんは泣いたんですって。口に含んだと同時にもう涙があって、そこまでしてくれたということがうれしくて、感激の涙だったそうです。旭川駅での出迎えも派手だったから晤郎さんはびっくりして、バスに乗ってまたびっくりして。

菊池　日高さん本人からもその話を聞いたんです。今までは弁当で大体済まされた。風連だけが、ましてやバスの中で座席の椅子を取り外してと。

久子さん（久子）　今だと絶対できないですね。

菊池　トークショーは当時、確か2年おきにやっていた。

佐藤　アシスタントをしていた奈良愛美さんともずっとお付き合いが続いた。

久子　晤郎さん本人は来ませんが、風連で晤郎さんを肴に集う会というのを毎年やって、愛美さんをゲストに招いていました。

佐藤　10回近くやっている。毎回、30～40人くらい集まった。風連の晤郎さんファンでつくる「ふれあいの会」は、これが定期総会みたいなものでした。

久子　ギタリストの折原寿一さんも風連でライブをしてもらったことがある。晤郎さんのディナーショーの日に折原さんと交渉して、ものすごくノリの良い方で「行きます」と言っていただいた。

菊池 それから、日高さんのマネジャーの茅野義隆さんは俺が日高さんに似ているといって、勝手に兄弟にしちゃった。

佐藤 「田舎晤郎」というあだ名があるくらい晤郎さんと瓜二つで。晤郎さんが風連に来た時、最初、町外から来たお客さんが菊池さんを指さして、「晤郎さん、いるいる」という話になった。それくらい似ていた。おでこの辺りの光具合、眼鏡、笑った口の開き方も。昔の方がもっと似ていたね。

◇◆◇◆◇◆◇

佐藤 菊池さんと「天勝」のご主人らは札幌にも「晤郎ショー」のために寿司を握りに行ったね。

菊池 毎年9月で10年以上は続けた。最初は番組後の打ち上げ用だけだった。大将がどうしても昼飯で日高さんに食べさせたいと言い、STVの会議室とかの部屋でのサプライズで。

佐藤　握るのは「天勝」のご主人。1メートル80センチぐらいの移動用のガラスのケースを持ってきて、ネタを並べ、「天勝」ののれんも掲げる。

菊池　俺は洗い物などいろいろ。車の荷台に積んで運ぶ運転手役もした。

久子　晤郎さんは昼食を終わって番組に戻ると必ず、「いやー、今日もだまされた。『天勝』が来てくれた」って名前を言ってくれた。札幌にいるうちの娘たちがその手伝いに行っていて、晤郎さんは番組の中でも触れてくれた。末っ子のような長女、母親のような次女、長女のような末っ子と。本当に風連のことを愛してくれました。

◇◆◇◆◇◆◇

佐藤　30年にわたって交流がありましたが、菊池さんといつも確認していたのは、長く出入りしていると図々しく、なれなれしくなりがちだが、絶対そうならないように、常に初めて会った時の新鮮な気持ちでいること。決して一線を越えず、けじめを持ったお付き合いをするよう心掛けました。私は最初の頃から、30年間毎週必ず、手紙を出したんです。晤郎さんは時事ネタをよく取り上げて批判をしていた。それを勝手なことを言っているという人もいれば、よく言ってくれたという人もいる。毒舌で通っていましたから。常に、晤郎さんならどう思うだろうかというのが頭のどこかにあって、リスナーとして出した。晤郎さんは「風連便り」という形で紹介してくれた。田植えや稲刈り、今年は豊作だった、こんなイベントで盛り上がっているとか。主に風連のこと、農家の様子などを書いた。最初は緊張して、1回下書きしてから清書。後半は筆で、下手くそな筆で書いて出した。

久子　いや、達筆ですよ。

佐藤　便せん2枚ほど。筆は割と大きな字になるから、2枚でも本当に内容はコンパクト。近況報告で、たまに時事ネタも。

久子　毎週のように佐藤勝さんの名前はラジオで聞きました。

佐藤　楽しい思い出ですね。宝物です。楽しかったから続けられた。もちつきに30年も行って、最後の方になったら、晤郎さんが先か我々が先か、どちらかが逝くまで頑張ろうと、菊池さんと話していた。意地半分でやってきた。２０１８年2月10日のホール公開では、晤郎さんは手術をしたから座っていられないと、ずっと立っていた。冗談で笑わせていたが、随分痩せていて。亡くなった直後にＳＴＶホールで行われた追悼番組には、私も菊池さんも行った。ここで追悼のあいさつを述べたのが大西社長（当時）。88年に私たちが最初にスタジオに行った時、キューを出していた若いディレクターが大西さんでした。

菊池　あんな形で番組が終わるなんて誰も想定していないから。

久子　女性の仲間たちもかなりショックを受けていました。

似ていると言われた日高さんと菊池さん。たまたまＴシャツの赤色がおそろいで

杵を振るい、もちつきに挑む日高さん。右が佐藤さん（2016年１月）

資料や思い出の品を広げながら日高さんについて語る佐藤さん（右）と菊池さん夫婦（道の駅「もち米の里☆なよろ」）

寺田昭吉《てらだしょうきち》さん（78）函館市

ある方から勧められ、日高晤郎さんの番組を聴き出したのが1983年ごろ。「おくさま広場」の途中からです。話し方が桁外れにうまいと思った。無駄な言葉は使わず、そのままズバリと。それが私の気に入ったところです。昔はもっと声が若かったし、しゃべりも良く、聴きやすかった。間の取り方もいい。ああいうしゃべりは説得力がある。あくまでも個人的な好き嫌いの問題だと思う。嫌いだという人もいるから。どこの世界でもあることです。

時計店を営んでいて、店にお客さんが来ればラジオを止めることもあるが、ほとんど聴いた。録音をして、1週間かけて聴いたことも何年か続いた。

ほとんど手紙で出した。はがきやファクス、ちょっとしたニュースが入ったら電話も。毎週のように出した。全部じゃないけど、ことごとく読んでくれました。今週こんなことあったよ、晤郎さんの声が最近上ずっていますけど、風邪引いていませんか……とか。

10代後半から、函館市内の時計店で修業しながら、ラジオをよく聴いた。近くにラジオを置いて、ニュースなども聴くのが好きだったから。仕事が終わってから、毎晩リクエストを書く。晤郎さんの番組以前から、STV、HBC、NHKとほとんど万遍なく出していた。マニアを通り越しているかもしれない。もらった給料は全部切手、はがき代になり、リクエスト用のはがきも作ってもらった。晤郎さんとの関係も1枚のリクエスト曲がきっかけ。「知床旅情」を出したら、かけてくれました。ディナーショーはほとんど毎年、家内と一緒に。僕より家内の方が「日高晤郎ショー」を好きだから。

1980年代半ばから後半、園芸や電機関係のイベントなどでも函館に来ました。トークしながら商品を売る。話が面白いから、すごい人が集まる。地元のリスナーに呼びかけてファンクラブも結成した。常時30人はいましたね。

12月の札幌のディナーショーが終わると、かつては2月か3月初めに函館国際ホテルでもディナーショーをやっていました。20年くらい前でしょうか、10年はやっていた。岩本公水さんら、いいゲストも来ていた。函館で晤郎さんと話す機会も多かった。

カメラが趣味で、ちょっと熱くなったというか、晤郎さんの写真をいろいろと撮った。あまりフラッシュをたかないでと言われ、カメラを向けると嫌がられたこともあります。函館でのディナーショーは誰でも自由に撮れ、函館駅のホームまで見送りに行った時の写真もある。湧永製薬が作ったカレンダーの撮影にも、晤郎さんが来ると分かったものだから付いて歩いた。いい写真が撮れると思って、追っかけみたいなもの。アルバムに整理しています。札幌ではスタジオ、ディナーショーの前後。いい表情をするものだから。

晤郎さんの表情、笑顔を撮りたかった。いい笑顔を持っている方です。何でそう思うかというと、私も商売でお客さんが来て、笑顔のいい人、渋い顔の人、いろんな人がいる。「あなた、もうちょっと笑顔を出した方がいいですよ」と言うと喜ぶ。晤郎さんもラジオでよく言っていました。目標は「いい笑顔」。動く仕草も独特で、芸人ですね。芸談の表情は真剣そのもの。ああいう所は晤郎さんを撮るには一番向いている。真剣勝負です。

一番喜んでもらったのは毎年、誕生日に合わせて時計を贈ったこと。親しみを込めて、店の名前を言ってくれました。商品を送るから宣伝してくれないかというのは絶対嫌いな人。むしろ、長く続けることのほうが効果のある方。私も宣伝してほしいのではなく、ファンとしてプレゼントしたいなあと思っただけです。

ファンへのプレゼント用に晤郎さんの写真を入れたキーホルダーを作って贈ったのも皆さ

んに喜ばれた。主にスタジオのお客さん用で、ホール公開でも。最低でも50個くらいずつ持って行く。写真は主にスタジオやホールで撮ったもの。時計はホール公開で5台くらいかな。もともとプレゼントするのが好きなんです。

悟郎さんの番組を通して、いろんな人と知り合い、いい時代を過ごせたような気がする。随所に見習うことがあり、自分なりにいい勉強にもなった。北海道のためにも、いろいろ尽くした方だと思う。しゃべりが辛口とか、そんなものは問題ではない。北海道の人ではないのに、むしろ感謝しなきゃいけない。嫌いだという人も随分いましたよ。嫌いだったら聴かなければいいのに、意外と聴いている。お客さんの中には「日高悟郎、生意気なことばかり言って」という人もいる。「生意気なことを言っているかもしれないが、あんた、中身は分からないわ。聴かない方がいいんじゃないの」と答え、「何か気に障ることがありますか」と聞くんです。僕はかなり正論だと思って聴いていた。

亡くなったのを知り合いから聞いて、がっくりした。家内から「珍しく涙出している」と言われた。男泣きになった。こんなに大泣きしたのは初めて。あと5年くらい何とかならなかったのかなあと、未だに思っている。35年くらいの付き合い。会って話すと普通で、癖もないし、情のある人。字がうまい。絵も上手です。

学んだものは山ほどあります。この人の話を聴いていたら、絶対勉強になると思った。全部が全部勉強になるコーナーではないけれど、絶対逃さないというコーナーがあり、「言葉のビタミン」は良かった。あれを聴いただけでも、晤郎さんの値打ちはあります。正論をしゃべっているから、正論を言われて腹を立てるなら、人間ができていない証拠です。いい思い出話を作ってくれた人。思い出やつながりを作ってくれました。晤郎さんがいたから、いい付き合いができた人がかなりいると思う。ファン同士がね。それだけでも感謝しないと。

寺田昭吉さん

JR函館駅に見送りに行った時の1枚
（1994年）

藤塚幸子《ふじつかゆきこ》さん（73）　岩見沢市

「日高晤郎ショー」は8時間の放送になった1984年から聴いています。当時、障害者の福祉施設に勤めていました。その頃は、土曜が半ドンで、何人かがイヤホンでラジオを聴きながら作業をしている。「何を聴いているの」と聞いて、「晤郎ショー」のことを知り、以来、ファンになってずっと聴くようになった。その時にもう、面白いと思った。今日から9時間に拡大という時もスタジオに遊びに行っていて、晤郎さんは「1時間増えたけど、やっぱり最後の方になったらまだ時間が足りない」と言っていました。

聴くようになって手紙を出したところ、放送で読まれて、それでどっとはまりました。毎週のように書きました。働いていたので、スタジオには年に何回かしか行けなかったけれど、半ドンの土曜は、帰ってきた午後は聴いていました。退職したら毎週スタジオに行こうというのが目標で。2007年春に60歳で退職し、余程突発的なことがない限り、11年間は毎週通いました。毎週来る人はスタジオで座る場所が大体決まっていて、私は前から3列目で、晤郎さんから見て右端から2人目くらいが定位置でした。

早めに行き、STVの守衛さんの前辺りに午前5時過ぎには並んでいました。ずっと後の頃は、「寝るだけでいいから」と言って、前日に札幌の親戚に泊めてもらっていたんです。ただ泊めてもらい、早朝にそっと抜け出して。それ以前は当日に、一番早い岩見沢駅午前5時55分発で。もうファンが並んでいたが、いつも来ている方だから、どうぞと。ちょっと仕切る人がいて。私の生活は土曜を中心に回っていた。水曜くらいになったら風邪を引かないように体調に気をつけて。金曜の夜は何か寝られない。緊張かワクワク感というか、早く起きなければというのもある。土曜に帰ってきた夜が1週間で一番寝られる日でした。

冬は寒くて責任が持てないから、晤郎さんが亡くなってからは6時までそこに並んではいけないとSTVから言われました。でも、皆さんは早くに行っているから、建物の陰にいて、6時になったらワーと集まってくる。「日高晤郎ショーフォーエバー」でもお客さんは入っていて、私も晤郎さんがいないけど行きました。吉川のりおさんばかりでなく、「北海道五十三次」など晤郎さんの昔の音源をちりばめていて、聴けたので。

ラジオは録音しておいて、スタジオで聴き、帰ってきて、私の手紙が読まれた部分だけを残して消す。３００回以上あって、それをつないで保存しています。昔はカセットテープ、今は録音機能が内蔵されたラジオのデジタル。「人生講座」などで読まれたら色紙をもらえました。35年の放送の中で頂いた色紙は60枚ほど。「日々幸せ感じ上手」「良く笑えた日は佳い一日だ」「たくさん生きることよりもっと大切なのは佳く生きること」……。こうした言葉だけでなく、乗馬やスタジオでの笑顔などの写真が貼られたものもあります。99年の「子供の笑顔は母の笑顔　三代続く幸せゆずり」は私に孫が生まれた時、11年の「大切な人は想い出せばすぐそこに居る」は母が亡くなった時の言葉。その時の思いに合った言葉も贈ってくれて。懐かしくて、大事な宝物です。読まれるコーナーによって、ＪＲのクーポン券、ギフト券とか、昔はいろいろありました。

手紙には放送の感想や仕事のことのほか、娘の結婚や孫の誕生など、その1週間にあったことを晤郎さんに報告する感じ。親のようで、私には先生でした。手紙をたくさん出すと、間違いもあって、「こういう使い方はしないよ」と直してもくれます。放送で読んで、教えてくれたこともあります。「おくびにも見せず」と書いたら、「おくびは見せるじゃない、出すものだよ」というように。私は学校のように思っていました。本当に財産。手紙を出してスタジオに行き、読まれるかなあという期待感もあってワクワクしました。

CMの間などはお客さんと話しますが、私はしばらく「親分」と呼ばれていた時期があり、「ネッ　親分!?」と記した色紙も贈られています。態度が大きかったのかもしれません。毎回一緒に行っている人がいて、その人を子分と呼んでいました。

ディナーショーは第1回から欠かさず、着物を着て参加し、17年の「クリスマスを晤郎さんとすごそう」にも行った。晤郎さんの関係は大体行っている。後援会の「新吾」ができた時も集いに参加し、会報も全部持っている。後援会員に対し、昔は晤郎さんから年賀状、誕生日には電報が来ました。「50時間56分生放送」の特別番組も全部付き合った。

独り語りの会は楽しみでした。岩見沢にも「桂文京」を持って来て、小樽にも聴きに行った。江別の「やか多会」にも行った。19年4月3日の命日には、日高さんが眠る「千の杜」札幌東分院に友達とお参りに行った帰り、その「やか多」に寄って釜飯を食べたんです。晤郎さんが独り語りをした部屋を社長の福見千恵子さんが案内してくれました。そういえば、やか多の釜飯が晤郎さんの昼食にとスタジオへ届いた時期があって、千恵子さんが持ってきていましたね。

放送では、その何倍もの物を仕入れて、知識として入れて勉強していました。話には引き込まれてしまう。冗談というか、作り事をさも本当のように言って、「へえー」と言ったら、「嘘だよ」と最後にばらす。話術ですね。帰った後、9時間の録音を1週間かけて聴き直しても面白い。違うことを言ったら、アナウンサーでもアシスタントでも、その場で怒って直した。後でなく、その場で言わないと駄目と言っていました。

89年10月1日、テレビの「日高晤郎のスーパーサンデー」の第1回では、私が当時住んでいた岩見沢市志文本町の市営住宅の部屋にもカメラ機材が来て、スタジオの晤郎さんと中継を結んで話をしました。いつものように「晤郎ショー」に出した手紙が「スーパーサンデー」で読まれたんです。主人が69年に札幌・狸小路の火災で殉職した時、結婚して11カ月ほどで、まだお腹にいた子は主人が亡くなって1カ月後に生まれた。1人娘と実家のある志文本町に戻り、その娘が短大を卒業後に東京に就職した89年、私も消防殉職者慰霊祭で東京に行ける機会があり、娘と一緒に参加できた。慰霊祭は9月で、「行ってきました」という手紙を出したら、「スーパーサンデー」が始まった時に採用されたというわけです。思ってもいなくて、びっくりでした。地元に帰ってきて、親に守られ、市営住宅に入れて、職場も良かった。うまく回っているような感じで、主人が空から見てくれていたのかなあと思います。晤郎さんにも出会えました。主人とは1年足らずですけど、晤郎さんとは35年ですから、ずっと長いんですね。晤郎さんと一緒の時代に生きて幸せでした。

手紙を出す所がもうなくなった。晤郎さんのいない生活は寂しい。あんなに簡単に人って亡くなるんですね。やはり養生しないと駄目です。我慢しすぎですね。もっと自分の体を考えていたら、もっと長生きしていたかもしれません。74歳は早いですよ。本当にもったいないと思う。もっと聴きたかった。いなくて悔しい。

土曜は何があっても「晤郎ショー」優先でしたから、これまで行かなかったイベントに参加しては少し気を紛らせています。晤郎さんのグッズのほか、資料、記事はファイルにし、部屋の各所にしまったり、壁に掲示したり。なかなか、整理できないですね。3日の月命日になると、何となく

藤塚幸子さん

思い出して、録音を聴いたり、晤郎さんの物を見たりします。

晤郎ショーで友達になった人とは付き合いが続き、仲良くしていた5、6人の方と月に1回くらい、安否確認の会を開いている。札幌の安い居酒屋さんで、晤郎さんの話題や思い出、自分たちの近況などを話しています。

成田真理子《なりたまりこ》さん（64） 三笠市

ファン歴は30年以上です。1984年ごろ、「日高晤郎ショー」が8時間になってから聴き始めました。三笠で「食事処　まんぷく」という食堂の仕事をずっとしていて、それまではなかなかラジオを聴く機会がなかったので。食堂は62年から母が初代でやり出し、私は手伝っていました。私に引き継いだのが88年で、2代目です。その年に同じ場所で建て替えるため、3カ月くらい店を休んだ。その間に何回か、車を運転して札幌のスタジオまで「晤郎ショー」を見に行きました。

当時から、おしゃべりは変わらない。面白いし、CMに入ってからのトークも面白い。ラジオでは聴けない面白さ、あとは秒単位の鋭さを実感したというか、目で見て感じて。すごい人だなあと。スタジオで間近に見ると、すごく違いますね。手で合図とかはラジオで見られないですから。行って見て分かった。何て頭のいい方なんでしょう。

私の同級生でも「何がいいの？」と言う人もいますから。それぞれで、その人の感じ方ですから。「最後まで聴いてみないと分からないのよ」と説明するんです。途中途中を区切って聴くと、ああと思うかもしれませんが。最後まで聴いたら、全部の中の結論というか、最後にあるものを皆さんは知らないのかなあ。そこまで聴いてもらわないと。

店を建て直した時以外は、店の仕事があるので、スタジオにはほとんど行けなかった。ラジオもきちんと聴けないので、ラジカセで120分のカセットテープに録音した。カチッと上がったらすぐ切り替えて。120分テープが何本も必要で、繰り返して。それを朝や夜に1週間かけて聴く。子供にも手がかかるので、時間はそんなになく、朝、保育所に出してから仕事に来るまでの時間とか。晩ご飯を用意している間、夜、寝かせた後とか、小刻みですが。最近は子供に手がかからず、自分の時間が多いので、2、3日で聴ける。今はラジオ付きのレコーダーなので、すごく楽になった。9時間そのままを録音できますから。

若い頃はもっともっとテンポが良かった。聞き取るのに大変なくらい。毎年、「三笠の初恋」というスイカを東京の自宅に送っていました。お盆の頃です。いちいち、私のような者にでもはがきの礼状や電話をくれます。忙しい方なのに、きめ細やかな気配りが素晴らしい。何かすごく頭が下がるというか、びっくりしちゃって。たまたま私の誕生日の日に晤郎さんから電話があり、「今日、誕生日だったので、すごくうれしいです」と言ったら、電話口で「ハッピーバースデー」を歌ってくれました。三笠のタマネギもとてもおいしいので、地元のタマネギやイモ、カボチャを送った時です。本にもなった「言葉のビタミン」など心に響く言葉も数多く残してくれました。顔より気持ちの方が先立って思い出されます。

1冊のアルバムがあります。建て直しで店が休みの頃です。毎年、晤郎さんと一緒に行くグルメ旅行があり、チャンスと思って参加した時の思い出の写真が詰まっています。この年は瀬戸大橋が全線開通した時で、四国に行った。「日高晤郎と味な旅　味な道連　四国おいしんぼ！」で、5月の3泊4日。日高エージェンシーの企画です。道後温泉、「陽暉楼」のモデルとなった所で食事……。グルメの旅で金額も良かったが、そこそこのいい所で食事をいただき、とても良かった。松山城、高知城など香川、愛媛、高知の各県を回る。新千歳から飛行機で行き、バスは2台。私が乗ったバスは前に何席か普通の座席があり、後ろ側に楕円形のテーブルを囲んで、上にシャンデリアが付いていて、素晴らしい。テーブルで皆さんと話していました。晤郎さんは2台のバスを交互に行ったり来たり。とにかくサービス精神が旺盛なので、ホテルの夕食の1次会や2次会とか、全てみんなと一緒にいます。ずっと付き合うんです。添乗員以上です。女性が多いが、男性や夫婦で来ている人も結構いました。

晤郎さんがマスクをして寝ているというから、私もそのマスクを購入して寝なきゃと。娘が「また晤郎かい」と言うんです。それを手紙に書いたら、「また晤郎かいじゃないだろう。晤郎さんだろう」と、呼び捨てじゃなくて「さん」を付けろと言われて。日常がもう晤郎さんなんです。四国への旅行に行った若い頃は、すごくいい男でしたよ。

日曜は店が定休なので、ディナーショーには毎年行っていた。「新吾」の集いや独り語りの会には、店を休みにして行ったこともあります。三笠には講演で2回来ていて、花を渡しました。

晤郎さんの全てがいいのです。一番健康に気をつけていたのに。寿命だといったら、そうかもしれないけど。レコーダーには何回分か録音が入っている。ある程度たまると消えていく。２０１７年4月15日からの分が残っている。いつ聴こうかと。聴いてはいるんだけど……。晤郎さんは自分でも分かっていたと思う。18年3月23日の「明日への贈り物」を見た時に、見た感じでは、ああ、もうお盆まで持たないなって思った。でも、まさか10日ほどで亡くなるとは思ってもみなかった。「明日への贈り物」があったから、すぐ病院に行かず、入院するのを延ばしていたそう。点滴をして、最後、踊ったりもしたから。踊らないで座っていればよかったのにと皆で言っていた。

亡くなるのは10年は早かった。「明日への贈り物」のタイトルのショーでなくても、天童よしみさん、島津亜矢さんと晤郎さんのショーを見たかった。悔いが残っています。日々、張りがなくなってしまって……。知り合い２人が自分で録画をし、追悼のＤＶＤも作ってくれました。２人は晤郎さんのファンというより私のファン。私を思って作ってくれました。追悼し切れていない。亡くなっていないです。まだ生きています。

「晤郎ショー」の最終回、聴いていて、しんどかった。力を振り絞ってやったんだなあという感じでした。毎回、携帯ラジオを自分の前に置き、聴きながら仕事をし、録音用のラジオは部屋で録音していた。カセットテープの時は料理しながら店の中で録音し、カチッと鳴ったら取り換えに行った。忙しい時は間に合わず、その間聴けなかったという感じ。大体時間になったら取り換えに。大きいラジカセなので、それを下の方に置いて録音し、携帯ラジオは自分の近くにもあった。最後の放送も入っているけど、その録音は聴けていません。自分の中では終わらせたくないという感じで。

　思い出すと、泣けてきます。毎日は泣いていません。笑顔でいないと怒られるので。

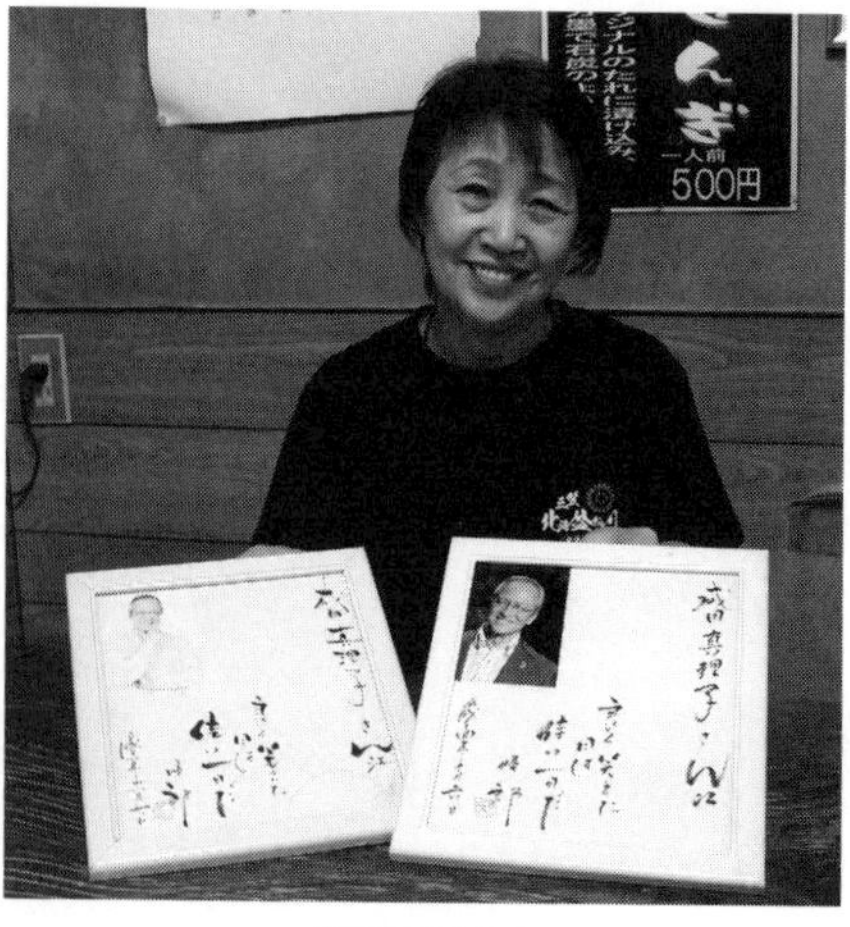

成田真理子さん

山下真知子《やましたまちこ》さん（71）　札幌市

積丹町出身で、酒屋の娘でした。田舎だから商品をいろいろ扱っています。地元の高校を卒業後、すぐに車の免許を取って店の手伝いをしました。車で配達をしながらラジオを聴いていて、晤郎さんを最初に面白いと認識したのは、この配達中に聴いた放送です。「日高晤郎ショー」が8時間の時からですね。面白い毒舌家だなあと思いました。偉い人に対しても、自分が嫌いならバンバン言うし。店の中でもSTVを流して、聴いていました。

「お便りください」とあったので、私も手紙で、月に2回ずつは田舎から手紙を送っていた。横書きの便せん3枚くらい。晤郎さんを想像して書くから会話式になって、長くなる。町の様子や、季節的に「積丹はウニがとれていますから、晤郎さんいらっしゃいませんか」という感じで。

1985年5月6日、後援会の「新吾」が発足して第1回の集いが札幌で開かれ、参加しました。晤郎さんから指名されてあいさつをすることになって、えっ、田舎のおばさんが何をしゃべればいいのという感じ。晤郎さんが「この名前を聞いたら分かりますか、皆さん。小池真知子さんって知っていますか」と言うと、「知っている、知っている」とあちこちから声が掛かった。小池は結婚前の私の旧姓です。集いでは乾杯の後、各地から集まったファンは確か10人くらいが順にあいさつし、私は真ん中くらい。ステージで晤郎さんの横に立って、緊張で何を話したか記憶がない。1分もしゃべったかどうか。

年に1～3回ほど、配達の車で「晤郎ショー」のスタジオにも通った。積丹から2、3時間かかる。スタジオの席が満杯の時は廊下で音声だけを聴いて。8時間か9時間いて、晤郎さんと握手をしただけで帰ったこともある。晤郎さんはちょこちょこ見に出てきて、「どこから来たの」と。会う時は海の幸などをお土産に持って行きました。

近所に晤郎さんのファンになった男の子もいた。杉山賢太郎君といって、民宿の息子さんで、学校に入る前の5歳。私の配達に付いて歩くのが面白くて、車の助手席に座っていつも一緒にラジオを聴いていた。そのうちに「晤郎さんって面白いね」と言う。住所を教えてあげて、その子も年に2、3回は番組宛てに手紙を出した。結構、ちゃんと字を書く頭のいい子で。「晤郎さんって、どんな人」って書いたら、番組で「頭はツルツルで、体型は小錦みたいに太っている」と。「晤郎さんを見たい」というので、「新吾」の集いなどに連れて行ったこともあります。

結婚して札幌へ来て31年になります。9年ほど前に膵臓がんをやった。手術前、抗がん剤治療の入院先から毎週に近い頻度ではがきを出し、「晤郎さんの前から、あともう少しで姿が消えます」と小さい字で書いたら読んでくれました。病院からなので手紙でなく、はがきで。「おまえは頑張れる人だから、頑張ってみろ」「本人は頑張っているのに、病人に頑張れは酷かもしれないけど、おまえは生きられる人間だから頑張れ」と励ましてくれ、「私、頑張ったら生きられるかもしれない」と思った。手術が終わってからも、毎週のように放送で「真知子、頑張れ」と呼びかけてくれて。晤郎さんははがきを嫌がりますが、病院からだから、はがきでも許してくれ、読んでくれたと思います。

4人部屋で、私のラジオを皆で聴いて。看護婦さんが「ここは明るい病室だ」と笑う。周りの奥さんも晤郎さんが好きなんですと言ってくれて、カーテンをしないで聴く。手術後も退院するまで、「快方に向かいました」「抜糸しました」とかはがきを出しました。

ステージ4・5と言われ、普通は助からない。膵臓が腫れていたから、胃袋の反対側にあって何となく違和感があった。手術した時は62歳。結婚（再婚）してちょうど20年で、病室で泣いてばかりでした。私の同級生の旦那さんも40歳で患い、3カ月くらいで逝ったし。「死んでたまるか」と思った。主人には「多分、嫌な旦那だったら、あのまま逝っていたと思うよ」「あんたのために生きようと思った」と言いました。

入院して2カ月間抗がん剤治療した後、手術は9時間半に及んだ。看護婦さんから一番いい先生に当たったよと言われたから、それを信じるしかない。1カ月して退院できました。晤郎さんの激励が全てじゃないかもしれません。ただ、主人には悪いけど、晤郎さんのおかげだと思っています。病は気からというのがあるが、それは私にぴったりの言葉。「病院に通っていますが、もう一つSTVの3階に日高クリニックもあります、と言っています。先生は聴診器もなし、白衣も着ず、しゃべりだけで私は直りました」と手紙に書き、スタジオに行った目の前で読んでくれました。

手紙に「退院しました」と書いたら、「良くなったらスタジオに顔を出しなさい」と言ってくれたので、素直に1カ月後に行き、晤郎さんの前に現れた。「あー、真知子に足がある」と。席を空けてくれていて、9時間座っていたら、「大丈夫か」と1時間おきに来てくれました。

「私、意外と元気なんです」と言うと、「切腹したばかりで……」と。それからは法事で年に1回休むくらいで、ずっとスタジオに通った。手紙も毎週出した。同じ便せんと封筒で、「封筒を見ただけで、おまえだと分かる」と。晤郎さんは私の命の恩人です。放送の中で「真知子は今、元気だ」と触れてくれて、スタジオに行った時も「積丹の皆さん、真知子は生きています」と言ってくれました。

晤郎さんの好きな物を毎週持って行った。「頑張れ」と言われたお礼で、晤郎さんは「差し入れではなく、治療費で俺はもらう」と言います。アワビ、ウニなど海産物が多かった。がんになって退院して5年目の時、「来週が生きた記念日だから、5年たったから万歳してくれますか」と前週に手紙を出して、当日にスタジオで「先週出しましたが、覚えていますか」と言ったら、「覚えている」と、番組中にスタッフの皆さんで万歳をしてくれました。丸5年生きたから、もう大丈夫だって。「真知子、生きていておめでとう。万歳」。お客さんも40人いて、スタジオ中です。私も生きてなきゃと思いました。

亡くなってから、1カ月くらい泣いていた気がします。主人は毎週、仕事に行く途中にSTVまで送ってくれた。ディナーショーの2次会で私服のセーターに着替えた晤郎さんは、主人の前にまっすぐ来て、「山下さん、いつもアッシー君ご苦労様です」と言ってくれました。「いつも差し入れありがとうございます。養ってもらっています」と頭を下げたのに対し、主人は「うちの奴は晤郎さんに持って行くのが楽しみで頑張って生きたから、遠慮しないで受けてください」と。ラジオでは毒舌だけど気を使う、ああいう晤郎さんが主人は好きなんだと言います。

晤郎さんは貧しい生活だったから、バナナも9歳か10歳で初めて食べたという。何も差し入れが浮かばない時は、札幌の市場の果物屋さんに20本くらい付いた1房を前日に頼んでおき、当日持って行くと、すごく喜んでくれました。放送開始前にスタジオで世間話をした時、「うれしいんだ。1本も食べられなかったのが、今は1房食べられるんだ」と。放送前の世間話では1週間にあったことを皆に教えて、笑いを取って。昼からの「私の本棚」のコーナーで私は眠くなり、下を向いてしまった。晤郎さんは放送で「今、真知子は寝ている」と言うので、「えっ」と起きる。「いいんだ。俺のために山菜を採ってきてくれるから」と。

晤郎さんはフキノトウの天ぷらが好きで、あの苦みがいいと言います。それで季節になると、近郊に採りに行き、天ぷらにして50個くらいずつ2箱、計100個ほど持って行く。スタッフ用とスタジオのお客さん用。朝の2時から揚げる。一口で食べられるくらいのサイズ。塩も持って行き、パーと振る。亡くなった後の2018年4月7日、STVホールでの追悼特番にも持って行きました。

　スタジオで帰りに握手すると、普通の握手じゃなくて、中でキュッと力を入れてくれます。他の皆さんにも同じ握手をしているのかもしれませんが、私だけだと自分で喜んで帰ってきます。ファンの心理です。毒舌だけど、心優しい人でした。

山下真知子さん

仕草や表情が豊かな日高晤郎さん
（2015年7月の放送から）

芸談の舞台

後進を育てた
「日高塾」

日高晤郎後援会
「新吾」の集い

得意のオムレツを作る

日頃から体を鍛えてい

歌と語りのディナーショー

五木ひろし・日高晤郎スペシャル
「縁人 縁歌」。
２人の出会いの集大成となる
特別なコンサートとなった
（2017年３月）

クリスマスを晤郎さんとすごそう
（2017年12月）

明日への贈り物Part3
（2018年３月）

誕生日ケーキの火を消す
（2018年２月）

お別れの会
（2018年５月）

気に入りのブックエンド
GoRo

ラジオ話芸に向けた芸の軌跡

日高晤郎さんは北海道に来る前、売れなかった時代ではあるが、俳優や歌手などの活動にさまざまに取り組み、芸の道を模索していた。

大映京都撮影所演技研究所に入った後、この時代に本名の「細谷新吾」で約40本の映画に出演した。日高さんによると、スクリーンやポスター上の名前の後にカッコして「新人」と書かれてデビューになるといい、1962年、市川雷蔵さん主演の「江戸へ百七十里」がデビュー作。それ以前に、「花の兄弟」「斬る」などにも出演している。

日高さんが師匠と仰いだ市川雷蔵さん、勝新太郎さんが主演した作品への出演も多い。市川さん主演では「新選組始末記」「若親分」、「眠狂四郎」シリーズの「円月斬り」など。「円月斬り」のDVDに収録の特典映像「大映芸能ニュース」は市川雷蔵後援会秋の集いの模様を収めており、ゲームをする参加者の中で藤村志保さんの隣に日高さんらしき姿が一瞬映っている。勝さん主演では「座頭市」シリーズの「座頭市物語」「座頭市千両首」など。俳優としての輝きの違いを見て、日高さんが映画の世界に見切りを付けたという田宮二郎さんの主演では、「宿無し犬」「勝負は夜つけろ」に出ている。

東京に行ってから、日活ロマンポルノの「哀愁のサーキット」に出演し、その頃の芸名は「日高悟郎」。村川透監督、峰岸徹さん（当時の芸名は隆之介）主演で、出演もしている石川セリさんがスクリーン上を歌で彩っている。

上京後は、テレビドラマの出演が目立つ。「特別機動捜査隊」（61～77年）の中では犯人役からレギュラーの刑事役までを務めた。忠臣蔵がテーマのNHKの大河ドラマ「元禄太平記」（75年）では赤穂四十七士の1人、片岡源五右衛門役。総集編のDVDで見られるが、藩主の浅野内匠頭が切腹に向かう時、庭に座って見上げ、「殿」と言って涙を流す名場面を演じ、アップでも表情を捉えている。この時の芸名は既に「日高晤郎」になっていた。

声優の仕事もした。洋画のテレビ放送の日本語吹き替えも行い、「007」シリーズの「ゴールドフィンガー」と「ロシアより愛をこめて」でジェームズ・ボンド役、ショーン・コネリーを担当。日高晤郎による幻の初回放送版としてDVDが出ており、資料によると、前者は74年4月のNET（現テレビ朝日）系「日曜洋画劇場」、後者は75年4月のTBS系「月曜ロードショー」で放送された。ショーン・コネリーの吹き替えといえば甘い低音の若山弦蔵さんが耳になじんでいるが、その版とは味わいの異なる日高さんの声質を聴ける。

歌手としては「日高吾郎」の芸名で67年6月に「流れ者小唄」（B面は東京阿呆鳥）でレコードデビュー。以来、70年までに、「流れ者ブルース／夜の酒場で」「砂の香り／すてきな別れ」「さむらい／男一匹売り物さ」「赤坂の雨／酒は女の溜息か」「酒場の女／男の花」「星のかけら／たった一言」「唇がかわくの／あきらめてはいるけど」のシングル計8枚、アルバム「眠れぬ夜のバラード」を出した。他の歌手とのカップリングで「儚ない恋に未練は無用」という歌もある。

ソノシート4枚組の「クラウンヒットパレード ブルース特集」も67年11月に発売された。日高さんの「流れ者ブルース」に加え、小林旭さんの「放浪のブルース」、美川憲一さんの「新潟ブルース」、緑川アコさんの「ふうてんブルース」、青山ミチさんの「マンハッタンブルース」、

朝丘雪路さんの「残り火のブルース」、小松おさむ・ダークフェローズの「庄内ブルース」、黒沢明とロスプリモスの「信濃川慕情」という顔ぶれ。歌手8組の写真グラフ付きの紹介と共に1曲ずつが収められていた。その中で、日高さんは「俳優として七年のキャリアを持ちながら、いい作品に恵まれなかった。生活も思うにまかせず、生活と、俳優修業のために、バーテンを始め、十指に余る職を転転とし、クラブ歌手として働いていた時に見出されてデビュー」と紹介され、「歌の巧さとムードをかわれて新人としては異例のデビュー後半年足らずで、十一月にはLPが発売になった」などとある。ジャケットの写真も小林旭さんと隣り合わせ。「歌へのファイトは、大変なものである」と評され、当時の期待の大きさがうかがわれる。

北海道に来てからは、語りを中心に歌も入ったアルバム「北の語部《かたりべ》」を85年に第1集、「北の語り部」として86年に第2集、この2枚のレコードからCDに入る長さに編集した「北の語り部スペシャル」を90年に出した。この年には山上路夫さん作詞、堀内孝雄さん作曲のシングル「つづれ織り」も発売し、カップリングは「日高晤郎ショー」の終盤などに歌っていた「街の灯り」。92年に11曲収録のアルバム「泣きたい時に」、98年に松原のぶえさんとのデュエット曲「札幌ふれ愛めぐり逢い」を出した。芸談で、「語り芸の世界　紺屋高尾」（２００４年の公演を収録）、「上方寄席芸人伝　桂文京」（12年の公演を収録）のＤＶＤもある。

日高晤郎さん出演の主な映画

〈公開年〉	〈タイトル〉	〈主演〉
1961	花の兄弟	市川雷蔵、橋幸夫
1962	化身	勝新太郎
	座頭市物語	勝新太郎
	雨の九段坂	成田純一郎
	斬る	市川雷蔵
	江戸へ百七十里	市川雷蔵
	青葉城の鬼	長谷川一夫
1963	新選組始末記	市川雷蔵

座頭市喧嘩旅　勝新太郎

1964　眠狂四郎勝負　市川雷蔵

座頭市千両首　勝新太郎

宿無し犬　田宮二郎

眠狂四郎円月斬り　市川雷蔵

駿河遊侠傳 賭場荒し　勝新太郎

これからのセックス 三つの性

勝負は夜つけろ　田宮二郎

1965　若親分　市川雷蔵

鼠小僧次郎吉　林与一

1972　哀愁のサーキット　峰岸徹

略年表

1944年　2月28日 大阪市で生まれる

1960年　大映京都の「第1回ミス・ミスターフレッシュフェースコンテスト」優勝

1962年　映画「江戸へ百七十里」で市川雷蔵の相手役で俳優デビュー。本名の細谷新吾だった

1965年　大映を退社し、上京。芸名は飛鷹一。テレビドラマ出演やクラブでの弾き語りなど

1967年　クラウンレコードから「流れ者小唄」で歌手デビュー。芸名は日高吾郎。のちに悟郎、晤郎に

1977年　札幌市西区琴似のキャバレーに出演。この頃、STVラジオディレクターの岩本芳修さんと出会う

1978年　STVラジオ「おくさま広場」に起用

1983年　STVラジオ「日高晤郎ショー」が3時間の枠で始まる
1984年　「日高晤郎ショー」が8時間に拡大
1985年　日高晤郎後援会「新吾」が発足、第1回新吾の集いを開催
独り語り「峠道」が日本民間放送連盟賞ラジオ娯楽番組部門で最優秀賞
札幌で第1回芸談を聴く会
1986年　札幌パークホテルでディナーショーを始める
1987年　「日高晤郎ショー」が9時間に拡大
1989年　STVテレビ「日高晤郎のスーパーサンデー」が始まる（94年まで）
1990年　札幌で5夜連続「独り語りの会」
1991年　芸能生活30周年記念・32時間公開生放送、記念パーティー
1997年　「百年先を見据えた男 広井勇物語」が日本民間放送連盟賞ラジオ娯楽番組部門で最優秀賞
1999年　日高晤郎ショー2000年スペシャル・カウントダウン20時間公開生放送
2000年　芸能生活40周年「話芸七色八面体」。「スピカ」のオープニング記念でもあった

２００２年　日高晤郎ショー１０００回スペシャル
２０１２年　ＳＴＶラジオ開局50周年記念の特別番組「挑戦！50時間56分生放送」
２０１５年　特別公演「明日への贈り物」Ｐａｒｔ１
２０１６年　特別公演「明日への贈り物」Ｐａｒｔ２
２０１７年　ＳＴＶラジオ開局五十晤周年記念〜五木ひろし・日高晤郎スペシャル「縁人縁歌」
２０１８年　３月23日 特別公演「明日への贈り物」Ｐａｒｔ３
３月24日「日高晤郎ショー」に最後の出演
４月３日 逝去。74歳だった

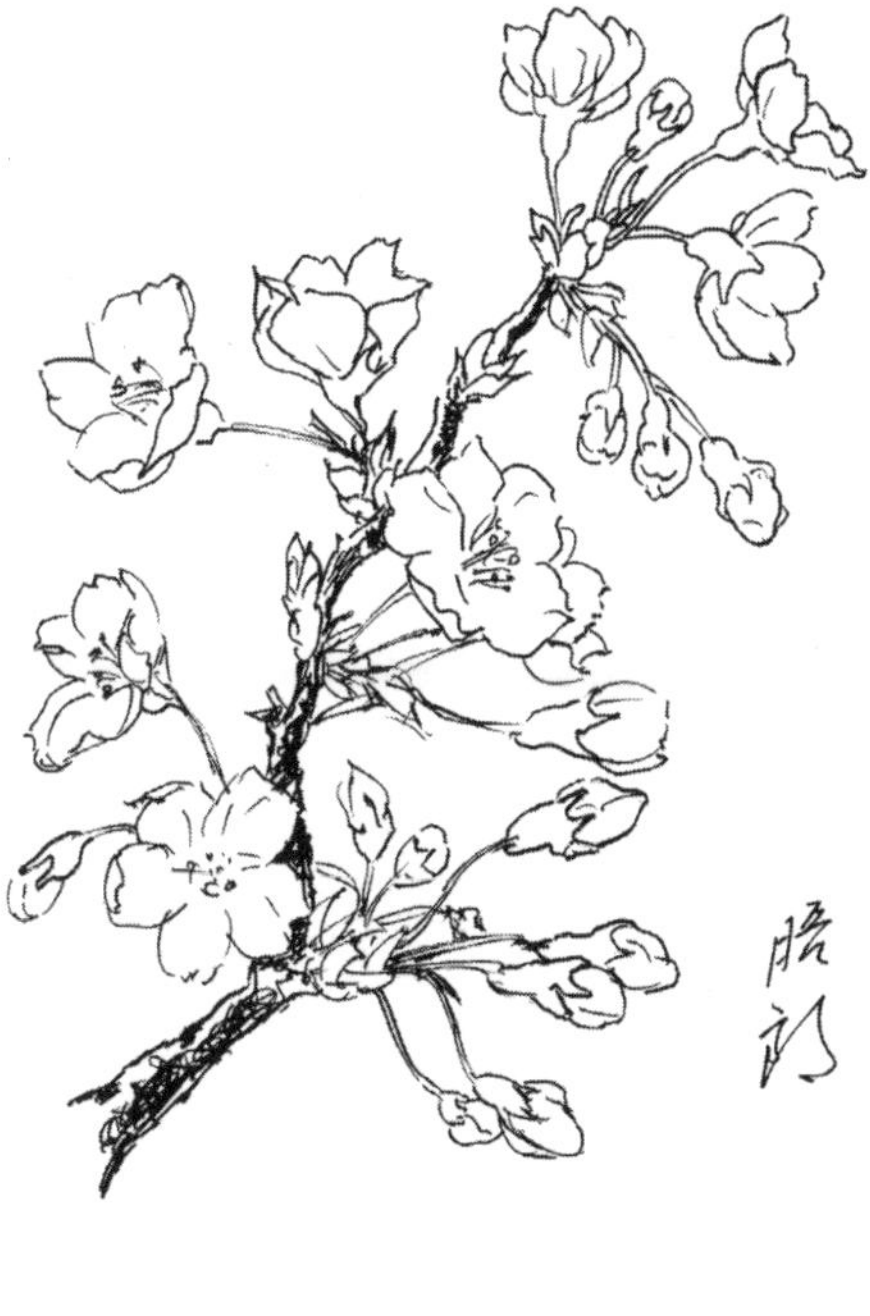

あとがき

私が北海道新聞の編集委員だった時、夕刊の連載記事「私のなかの歴史」を取材した中に、2015年6月に掲載した指揮者で作曲家の川越守さん、8月半ばから10月初めにかけて掲載した日高晤郎さんがいた。2人への取材が同時進行で重なっていた時期もある。その合間を縫って、同時期の4月には作曲家の船村徹さんを東京都内で取材し、長いインタビュー記事を載せた。私にとって、3人それぞれの物語を懸命にたどった日々が思い出深い。

ところが、船村さんは17年2月、川越さんは同年12月、日高さんは18年4月に相次ぎ亡くなってしまう。北海道交響楽団音楽監督や北大交響楽団常任指揮者を務めた川越さんもがんを患い、生前最後となった演奏会やCD録音には車椅子で登場し、闘病の中で執念のタクトだった。船村さんは「生涯現役です」と語った通り、最後まで歌作りに情熱を注いだ。歩んだ道は違うものの、体力が続く限り現役であり続けたのは日高さんと同じだった。3人とも掲載後2年弱から2年半ほどしかたっておらず、元気だったころの語り口や表情を思い起こし、人の生き方や運命について大いに考えさせられた記憶がある。

特に、日高さんについては連載が長期にわたって、分厚くまとまった物語になっており、連載を読んでいない人もいることから、その足跡を本の形に残せないかとの思いが頭の片隅にあった。

そんな中、19年3月末に定年退職した後、同年8月のお盆のころ、札幌の出版社エイチエスの斉藤隆幸社長と会う機会があり、この連載を見せ、ゆかりの方々への取材なども加えて本にできないかと提案したところ、後日、間もなくして快諾の返事があり、期間の余裕はあまりないものの、三回忌の時期の20年4月中の出版を目指すことになった。

日高さんは東京都杉並区の自宅に住む家族のことをラジオでも周囲にもほとんど話さなかったが、19年9月に奥さんの細谷浩子さんに札幌で会うことができ、貴重な話もうかがった。それから本格的な取材が始まり、ゆかりの方々に日高さんとの出会いや思い出などを聞いて回った。日高さんが北海道に来た当時からの親しい人たち、日高さんが推す歌手の方々、「日高晤郎ショー」などのSTVラジオの関係者、ディナーショーや芸談などの活動を周辺から支えた人たち、長年のファンの方々……。それぞれの立場から、日高さんとの関わりや思いなどを語っていただき、日高さんのいろいろな側面を浮き彫りにできたと思う。ファンの中には話を聞くうちに涙ぐむ人もいて、こちらももらい泣きしてしまいそうになることもあった。親しい人も関係者もファンの方々も、話を聞きながら日高さんとの長年の交流をたどると、同時にそれぞれの人生の歩みが浮かび上がってくるようにも思えた。

ゆかりの方々のうち、ゴスペルシンガーのＮａｔｓｕｋｉさんが出版前の3月13日、49歳の若さで亡くなるという悲しい出来事があった。半年前に取材をした際は元気に笑顔で応じてくれたものの、家族の方の話によると、以前からがんを患っていて、同日夜に容体が急変したという。病と闘いながら、演奏やレッスンなどの活動を続け、体調が許す限り最後まで頑張った姿は日高さんとも重なり、やりきれない思いに駆られる。

日高さんには多くのファンや支えた人たちがいる一方で、その言動に不愉快な思いや反感を持った人もいるだろう。しかし、それらを全てのみ込んで、希有な存在だったのは確かだ。長い歩みの中で唐突に訪れた死から2年。日高さんを好きな人も嫌いな人も、人生の蓄積を経て走り抜けた「話芸人」の物語として読んでいただけたらと思う。

取材に当たっては、マネジャーだった茅野義隆さん夫妻、日高さんがＳＴＶラジオに番組を持つきっかけをつくった岩本芳修さんから助言とともに情報や資料の提供を受けたほか、茅野さんや渋谷昌彦さん、ＳＴＶラジオから写真提供で協力していただき、ＳＴＶラジオには情報の確認などでもお世話になった。取材をしたゆかりの方々からも貴重な情報や資料に加え、写真をお借りするなど協力していただいた。

最後に、編集を担当したエイチエス専務の斉藤和則さんに感謝の意を表したい。

２０２０年４月　川島博行

追悼特番のステージ（2018年4月7日）

日高晤郎　ひだか ごろう

1944年、大阪市生まれ。62年、大映から「江戸へ百七十里」で映画俳優としてデビュー。テレビドラマ出演や歌手、声優などとしても活動した。東京都杉並区の自宅から札幌に通いながら、78年にＳＴＶでラジオのレギュラー番組を持ち、83年から生放送の「ウイークエンドバラエティ日高晤郎ショー」を開始。84年から８時間、87年から９時間に放送枠を拡大し、看板番組となった。2018年３月24日が最後の出演となり、４月３日に死去。本名・細谷新吾。旧芸名は飛鷹一、日高吾郎など。

川島博行　かわしま ひろゆき

1959年、北海道余市町生まれ。

音更、名寄、苫小牧、函館、札幌で高校時代までを過ごし、東北大学法学部を卒業後、北海道新聞社に入社。本社社会部や留萌、苫小牧、美唄、小樽、釧路、本別での勤務を経て、本社運動部、文化部、編集委員、紙面審査委員で2019年３月末に定年退職。現在はフリーのライター。音楽の趣味はなぜか、クラシックと演歌・歌謡曲。文化部、編集委員の時はこうした分野の取材も多く、日高晤郎さんが歌と語りで共演を望んでいた天童よしみさんや島津亜矢さんらのロングインタビューも手掛けた。札幌市在住。

たくさん生きることより

もっと大切なのは

佳く生きること

昭一郎

【日高晤郎フォーエバー】

初　刷 —— 二〇二〇年四月三〇日
第三刷 —— 二〇二〇年六月二〇日
著　者 —— 川島博行
発行者 —— 斉藤隆幸
発行所 —— エイチエス株式会社　HS Co., LTD.
064-0822
札幌市中央区北2条西20丁目1・12佐々木ビル
phone : 011.792.7130　fax : 011.613.3700
e-mail : info@hs-prj.jp　URL : www.hs-prj.jp
印刷・製本 —— モリモト印刷株式会社

ISBN978-4-903707-93-8